Die 20 Erfolgsverhinderer

Mein aufrichtiger Dank gilt

Gisela Nehrbaß

Ohne ihre Beteiligung und Motivation,
wäre dieses Buch nicht entstanden

Nicole Wendschuh
Für die Satz- und Covergestaltung

Gil Koebberling
Für das Lektorat

Ernst Crameri

Die 20 Erfolgsverhinderer

Wenn Sie diese kennen,
geht es wesentlich leichter durchs Leben

Tipps und Tricks auf dem Weg zum Erfolg

Bibliografische Information der Deutschen Nationalbibliothek
Die Deutsche Nationalbibliothek verzeichnet diese Publikation
in der Deutschen Nationalbibliografie; detaillierte bibliografische Daten sind im
Internet über http://dnb.d-nb.de abrufbar.

1. Auflage
Crameri-Naturkosmetik GmbH Beauty&Wellness
ISBN: 978-3-86689-021-3

Inhaltsverzeichnis

Das Buch ist gewidmet

All den Menschen, die sich immer wieder im Wege stehen. Schluss mit diesem Elend, denn es ist schade, wenn man all seine Fähigkeiten blockiert und diese nicht auslebt. Dazu haben wir das Leben bestimmt nicht geschenkt bekommen, es ist zu wertvoll und großartig.

Anfangen und die klare Entscheidung, sich nicht mehr blockieren lassen, das ist die Ausgangsbasis. Jetzt zupacken, jeden Wunsch und Gedanken angehen und umsetzen. Solange dran zu bleiben, bis es Wirklichkeit geworden ist. Das ist die größte Aufgabe, die man sich überhaupt auferlegen kann. Aber auch die Lohnenswerteste, denn die Belohnung ist Freude, Erfolg und Erfüllung.

Erfolg ist kein Geschenk des Himmels, er will erarbeitet sein. Tag für Tag, Woche für Woche, Monat für Monat und Jahr für Jahr. Nur so geht es und damit schafft man sich neue Dimensionen. Der Mensch ist selbst sein größter Erfolgsverhinderer. Er steht sich permanent im Wege und das gilt es, unbedingt zu vermeiden. Nie mehr das zu akzeptieren, weder sich noch anderen gegenüber.

Wünsche und Ziele aufzugeben, kein Zutrauen in die eigenen Möglichkeiten zu haben. Nach Rückschlägen gar die Hoffnung aufzugeben, in der Enttäuschung zu landen – und zu bleiben, das ist die Negativspirale der Demotivation. Nicht erbauend und motivierend, sondern Frust bis hin zum Stillstand. Das ist das Schlimmste, wenn man als Mensch anfängt, zu kapitulieren, sich buchstäblich aufgibt.

Es ist die Aufgabe jedes Menschen darauf zu achten, dass er hier niemals hineingerät, dies darf er nicht zulassen. Er muss alles daran setzen, dass es Wirklichkeit wird. Im Wort Wirklichkeit ist das Wort Wirkung enthalten, ist das was Freude bereitet, zuerst ist alles geistiger Natur. Wir sind wohl die einzigen Lebewesen, die sich Gedanken machen können. In Vorstellungen zu leben, Wünsche, Ziele und Träume zu hegen. Kein anderes Lebewesen schafft dies auf Erden, wir sind dazu auserkoren worden. Nutzen wir das geistige Potenzial, um daraus einen wunderschönen Traum zu kreieren, in Wirklichkeit zu verwandeln und diesen ein Leben lang zu leben.

Dies geschieht jedoch nicht von alleine. Es bedarf der aktiven Hilfe und Teilnahme jedes Lebensbesitzers. Ja, zum eigenen Leben zu sagen und es ab sofort so umzusetzen. Zur Freude seiner selbst und der Mitmenschen. Jeder Mensch ist ein Genius, es gilt diese Genialität zu leben.

Vorwort

Liebe Leser,

ich freue mich sehr, dass Sie dieses Thema beschäftigt, das Buch in der Hand halten und intensiv damit arbeiten. Denn es geht um weitaus mehr, als nur lesen. Es geht um Ihre aktive Teilnahme, bis in die kleinsten Details hinein. Dadurch schaffen Sie es auch, die einzelnen Veränderungen derart in Ihrem Leben zu implementieren, dass es von Erfolg gekrönt ist.

Erfolg ist durch gar nichts zu ersetzen, positive Ergebnisse sind das Wichtigste, was es überhaupt gibt. Ohne Ergebnisse ist schlussendlich alles nichts. Es wird zur reinen Farce und dies müssen Sie unter allen Umständen vermeiden.

Lesen und arbeiten Sie mit dem Buch. Sie können auch unterstützend die Schulungen und Seminare besuchen, welche wir fortlaufend anbieten. Dadurch gewinnen Sie Motivation und mehr Klarheit, zusätzlich bietet sich die Möglichkeit des Austausches mit anderen Menschen, die sich ebenfalls auf diesem Weg befinden. Nehmen Sie sich die Zeit, dabei zu sein, voller Elan und Freude zum Erfolg zu gelangen.

Füllen Sie die Fragen aus, arbeiten Sie damit. Beschäftigen Sie sich permanent mit den einzelnen Passagen. Gönnen Sie sich jeden Tag Ihre stille Stunde, in der Sie über das Ganze reflektieren. Denn in dieser stillen Stunde, können Sie Ihre Positionierung überprüfen. Sofort Korrekturen vornehmen, darauf achten, dass es zum Erfolg führt, und wenn Sie dabei bleiben, werden Sie unendlich stolz auf sich sein können.

Erwarten Sie keine Wunder, sondern verschaffen Sie sich die Wunder. Das ist ein meilenweiter Unterschied, da werden Sie zum Handelnden, nehmen dadurch Ihr Leben aktiv in Ihre Hände. Dies gibt Ihnen ein immenses Gefühl von Sicherheit und Stärke, dass was die Menschen und auch Sie dringender als je zuvor benötigen.

Lesen und arbeiten Sie täglich mit und an dem Buch. Es nützt nichts, einmal etwas zu machen und dann wochenlang nichts. Alte Programme müssen überspielt werden und dies geht nur durch dauerndes Training. Immer wieder aufs Neue, so verschaffen Sie sich die nötige Kraft.

Einmal ist keinmal, das wissen Sie und haben es schon längstens für sich verinnerlicht. Sie kennen es von den Spitzensportlern, nur wer tagtäglich trainiert, hat die Chance, in die Weltspitze zu gelangen.

Mittelmaß kann und darf bitte nicht Ihr Ding sein. Entfernen Sie sich bewusst von diesen Vorstellungen. Sie packen es an, haben schon so viel in Ihrem Leben gepackt, darum werden Sie auch das schaffen und es zu einer großen Meisterleistung bringen.

In diesem Sinne

Alles alles Liebe und Gute für Sie

Herzlichst

Ihr Ernst Crameri

Sie halten ein Arbeitsbuch in der Hand

Das bedeutet für Sie, nicht nur lesen, sondern auch die Fragen beantworten und dies bitte ausführlich. Setzen Sie sich intensiv mit der Materie auseinander. Das hilft Ihnen, zu sich selbst zu finden. Dies ist der wichtige und entscheidende Punkt, sich kennenzulernen, dass man genau weiß, wie man funktioniert.

Lesen Sie eine Seite und dann halten Sie inne

Oft lesen wir in einem Zug, das hat den Vorteil, dass wir schneller vorankommen, aber weniger haften bleibt. Genau hier müssen Sie aufpassen, denn das ist schade, lesen und sofort wieder vergessen. Vielleicht haben Sie beim Lesen das Gefühl, „das behalte ich“ aber leider täuschen wir uns, denn die Vergesslichkeitsquote ist doch sehr sehr hoch.

Teilen Sie eine Seite in zwei Hälften

Finden Sie für sich heraus, was für Sie bei der ersten halben Seite wichtig war. Schreiben Sie diesen Merksatz, das heißt, was Sie sich merken möchten, oben in den weißen Rand. Das Gleiche machen Sie mit der zweiten Seitenhälfte. Dadurch haben Sie auf jeder Seite zwei Merksätze stehen. Das dient dazu, einen schnellen Überblick zu erhalten. Sie wissen doch, einmal ist in der Tat keinmal. Durch die Merksätze können Sie sofort und ohne Probleme alles nochmals im Schnelldurchgang lesen.

Am Ende eines Kapitels fassen Sie zusammen

Wenn ein Kapitel zu Ende ist, fassen Sie die für Sie fünf wichtigsten Merksätze zusammen. Wieso nicht alle? Weil Sie sonst zu viel Informationen hätten und um dem zu entgehen, beschränken wir es auf die Quintessenz. Dies erleichtert es Ihnen, sich regelmäßig schnell die Zusammenfassung eines Kapitels abzuspeichern.

Am Ende des Buches, die fünf Highlights

Wenn Sie das Buch zu Ende gelesen haben, fassen Sie aus allen Kapiteln die für Sie fünf wichtigsten Merksätze zusammen. Das hat den riesen Vorteil, dass Sie ein Buch auf fünf Einheiten reduzieren. Es handelt sich hierbei um die Merksätze, welche für Sie im Moment besonders wichtig sind. Natürlich ist in einem Buch weitaus mehr enthalten.

Wozu dient ein Buch

Sie haben das Buch gekauft, um in Ihrem Leben weiterzukommen, eine neue Dimension Ihres Bewusstseins zu erlangen und dadurch Erfolg Ihr Eigen nennen zu können. Das ist der wichtigste Aspekt, welchen Sie überhaupt schaffen können. Nur durch permanentes Training schaffen Sie das. Lesen Sie diese fünf Merksätze immer wieder durch. Solange, bis diese zu einem festen Teil in Ihrem Leben geworden sind. Sie eines Tages völlig erstaunt sind und auch überrascht. Nach dem Motto „Ach Gott, wo kommt das plötzlich her!“ Dann haben Sie es geschafft.

Weitere Hilfen für den Alltag

Wenn man weiß, wie es geht, ist es in der Tat leichter. Vielleicht haben Sie sich schon gewundert, dass es Menschen gibt, die immer erfolgreicher werden. Denen alles gelingt und andere, bei denen klappt überhaupt nichts. Für viele unerklärlich und doch so einfach.

Nehmen Sie Karteikärtchen

Immer wenn Sie ein Kapitel durchgearbeitet und die fünf Merksätze haben, schreiben Sie diese, das heißt, jeden Merksatz auf ein Karteikärtchen, welches Sie immer bei sich tragen. Im Büro, zu Hause, im Auto, egal wo Sie sich gerade befinden, nehmen Sie die Kärtchen kurz zur Hand und lesen Sie jeden Merksatz laut vor.

Bei jedem Wechsel vorlesen

Sie kennen es doch selbst, wie oft Sie die Positionen wechseln. Das fängt morgens schon an, wenn Sie aufstehen. Schauen wir uns kurz die einzelnen Schritte an.

1. Aufstehen
2. Bad
3. Küche
4. Anziehen
5. Ins Auto oder Bus, Zug
6. Zur Arbeit
7. In den Pausen
8. Heimfahrt
9. Zu Hause
10. Und so weiter

Was können Sie erkennen? Sie haben über zehn Mal die Chance, Ihre Merksätze durchzulesen. Das tut Ihnen gut und bringt Sie in

Ihrem Leben ein großes Stück weiter, denn permanente Wiederholung schafft ganz einfach Wirklichkeit und das lässt sich auch nicht verhindern.

Unterstützung mit Plakaten

Eine weitere super Hilfe sind Plakate. Auf diese schreiben Sie Ihre fünf Merksätze. Die Plakate hängen Sie überall in der Wohnung oder im Haus auf. Ein Kleines auch in Ihrem Auto. Es mag sich womöglich etwas komisch für Sie anmuten. Das soll Sie aber bitte nicht hindern es zu tun, denn es sind reine Erfahrungswerte. Stellen Sie sich vor, Sie bewegen sich in Ihren Räumlichkeiten und sehen permanent die Plakate. Mit der Unterstützung durch die Karteikärtchen ein Traum, wie sich Ihr Leben verändert.

Der Königsweg, Ihre Merksätze als Ton-/Videoaufnahme

In unserem heutigen Zeitalter ist dies kein Problem. Nehmen Sie die einzelnen Merksätze auf. Am besten unterlegen Sie es mit Ihrer Lieblingsmusik und motivierenden Bildern oder Filmen. Mit Musik oder Bildern, bei denen Sie in eine entspannte Stimmung versetzt werden. Wiederholen Sie Ihre Merksätze bis zum Schluss des Liedes oder Videos. Dann lassen Sie das Stück immer wieder ablaufen. Dadurch gelangt es tiefer in Ihr Unterbewusstsein.

Jetzt geht es ans Eingemachte

Das hört sich doch spannend an, das Wort „Eingemachte." In der Tat, was lange genug gekocht wurde, verdickt sich irgendwann dermaßen, dass es nachher eingemacht ist. Je verdickter, desto nachhaltiger und manifestierter.

Tief im Unterbewusstsein vergraben

Genau das ist die berühmte und zugleich schlimme Krux, aus den Tiefen des Ozeans, unseres Unterbewusstseins etwas zu bergen. Das ist nicht besonders lustig, jedoch zu schaffen, wenn man entsprechend vorgeht und so wie wir das jetzt machen, einen Schritt nach dem anderen durchleuchtet. Dadurch bringen wir Licht in das Dunkel. Sie erkennen, um was es geht und wo die berühmten Fallstricke liegen, das ist ein wichtiger Punkt.

Ich habe Angst

Angst vor der Veränderung. Angst ins Unterbewusstsein einzutauchen und da womöglich irgendetwas ins Klingeln zu bringen, was man womöglich nicht mehr im Griff hat. Das muss aber nicht so sein, wenn man sachte vorgeht. Alles, was groß ist, wurde in einzelnen Schritten realisiert. Sie kennen sicher den Spruch „auch Rom wurde nicht an einem Tag erbaut".

Sie brauchen sich nicht zu fürchten

Wovor denn auch? Es geht auf direktem Wege in die neue Freiheit und diese sollte es wirklich wert sein, den alten Pfad des nicht Auffallens, endgültig für alle Zeiten hinter sich zu lassen. Sie leben dadurch freier und glücklicher, gelangen in völlig andere Dimensionen hinein. Das ist doch das, was Sie schon lange wollten, sonst hätten Sie dieses Buch nicht erworben, darin gelesen und die Aufgaben erledigt.

Das selbst bestimmte Erfolgsleben

Das ist die Krönung jedes menschlichen Lebens. Selbst und jederzeit alles im Griff zu haben und Großes zu bewegen. Lassen Sie sich den Satz im Munde zergehen. „Ich habe mein Leben im Griff und bewege Großes!" Sie selbst bestimmen und nie wieder andere. Ihre Erziehung ist längstens abgeschlossen und keiner hat hier etwas zu suchen. Außer Sie lassen es natürlich zu, dann ist es eine andere Geschichte.

Stellen Sie sich den Aufgaben, die sich auftun

Darum möchte ich Sie bitten, dass Sie sich ab sofort den gesamten Aufgaben stellen und nie davon wegrücken. Wichtig ist dabei, alte Brücken abzureißen, dass Sie keine Chance haben, wieder zurückzukehren. Ihr Weg ist nach vorne und das für alle Zeiten, es gibt kein Zurück mehr in den Sumpf der Unwissenheit und der Erfolgslosigkeit.

Selbsterkenntnis ist der erste Weg

Erfolgsverhinderer Nr. 1 ist eindeutig, sich nicht selbst zu kennen. Das ist eine der schlimmsten Untugenden. Im Wort Selbsterkenntnis ist klar das „Selbst“ und die „Kennung“ enthalten, mit der man permanent arbeitet. Auf die man aufbauen und in die Vertiefung gehen kann. Oftmals kein leichtes Unterfangen.

Kennen Sie sich wirklich

Auf diese Frage antworten die meisten mit „Klar doch!“ Bei näherem Betrachten und Hinterfragen, wird es dann eng. Klar, man weiß, dass man eine Frau oder ein Mann ist. Auch wie man heißt, was man arbeitet und noch weitere Dinge. Viel tiefer geht es dann aber nicht. Dabei ist zu beachten, dass man in die Tiefe des Unterbewusstseins eintaucht, denn dort spielt die Musik.

Wer bin ich wirklich

Das ist die Größte aller Fragen. Wer bin ich wirklich? Was will ich? Was ist mein Leben? Wir alle, ausnahmslos alle, haben eine bestimmte Aufgabe in unserem Leben. Diese gilt es zu finden und zu leben. Das ist jedoch die Größte aller Schwierigkeiten. Denn im Schnitt haben nur 2% der Menschen ihre wahre Berufung gefunden. Schreiben Sie nachfolgend auf, wer Sie wirklich sind, oder wer Sie glauben zu sein. Hier noch ein paar kleine Tipps dazu, bitte nicht blockieren mit Aussagen wie zum Beispiel

- Das weiß ich doch nicht
- Ich habe keine Lust dazu
- Ich lese zuerst das Buch und dann mache ich es
- Heute nicht
- Und weitere blockierende Einstellungen

Nehmen Sie sofort Ihren Bleistift zur Hand und fangen Sie an alles zu notieren, was Ihnen dazu einfällt, bitte nicht zensieren. Im Vorfeld zu zensieren, befördert Sie unverzüglich ins Aus. Wir wollen jedoch in jeder Hinsicht Erfolg haben. Das ist unser oberstes Prinzip und deswegen arbeiten wir intensiv daran. Dann notieren Sie, seit wann Sie diese Erkenntnis haben. Zu guter Letzt, wo Sie aktuell stehen. Denn oft ist es so, man hat eine Erkenntnis, weiß um die Dinge und dennoch tut man nichts.

Wer bin ich wirklich?	**Seit wann?**	**Erreicht?**
1.) ________________	________________	________________
2.) ________________	________________	________________
3.) ________________	________________	________________
4.) ________________	________________	________________
5.) ________________	________________	________________
6.) ________________	________________	________________
7.) ________________	________________	________________
8.) ________________	________________	________________
9.) ________________	________________	________________
10.) ________________	________________	________________

Wie war das für Sie? Haben Sie zehn Punkte ausgefüllt? Oder gehören Sie auch zu den Minimalisten, die der Meinung sind, weniger ist mehr? In diesem Falle eben nicht, Sie brauchen die Auswahl, um den Hauptpunkt in Ihrem Leben zu eruieren. Jetzt reduzieren Sie aus den zehn Punkten Ihre drei wichtigsten.

Wer bin ich wirklich?	**Seit wann?**	**Erreicht?**
1.) ____________________	______________	______________
2.) ____________________	______________	______________
3.) ____________________	______________	______________

Wie fühlt es sich an? Ist Ihnen einiges bewusst geworden? Womöglich denken Sie auch, was das für Fragen sind. Die einzige Chance, die wir Menschen haben voranzukommen, geht über Fragen, alles andere führt ins Nichts. Zum Abschluss, oder wie es so schön heißt zum Finale, was ist für Sie der Hauptpunkt?

Wer bin ich wirklich?	**Seit wann?**	**Erreicht?**
1.) ____________________	______________	______________

Wer denken Sie, sind Sie wirklich? Ich finde diese Fragestellung spannend. Endlich sich näher kennenzulernen, ist zugleich inspirierend und aufbauend. Nur wenn Sie das im Griff haben, den Durchblick besitzen, ist es möglich, im Leben voranzukommen.

Ihr Fazit: ____

Was fangen Sie ab sofort mit Ihrem Wissen an

Das ist der springende Punkt. Wenn man es so weit gebracht hat, folgt die nächste Stufe, das Wissen unbedingt und sofort anzuwenden. Sonst bleibt alles beim Alten und das ist nicht lustig. Wenden Sie es sofort an, dies ist das große Thema, um nie mehr in die berühmte Erfolgsverhinderungsfalle rein zu laufen.

Nr. 1: Pessimismus

Einer der großen Erfolgsverhinderer. Mit dem eigenen Pessimismus steht man sich buchstäblich selbst im Wege. Es ist wie ein Infektionsherd, der permanent streut. Sie können so niemals gesund werden. Den Pessimismus müssen Sie auf jeden Fall in den Griff bekommen, ihn umwandeln, denn sonst nützt alles andere nichts.

Wieso ist man überhaupt pessimistisch

Man wird und das finde ich faszinierend, nicht als Pessimist geboren. Das ist doch schon einmal dermaßen genial. Sie kommen als absoluter Optimist auf die Welt. Ohne irgendwelche Vorbehalte, völlig locker, lässig und leicht. Dann geht es langsam aber sicher los, beginnt die Umwelt zu wirken. Schauen wir uns die einzelnen Stationen kurz an.

- Eltern
- Kindergarten
- Lehrer
- Studium oder Lehre
- Arbeitsplatz
- Freunde
- Nachbarn
- Partner

Eltern

Tja, die lieben Eltern, sie schenken uns das Leben, wofür wir sehr dankbar sein müssen, denn ohne sie gäbe es uns nicht. Anstatt uns zu lebensfähigen und mutigen Menschen zu erziehen, setzen die Eltern aber leider oft das fort, was sie selbst als Kind erfahren haben. Destruktiv, oft auch unter dem Deckmäntelchen, „nur das Beste zu wollen für das Kind“ es vor Enttäuschungen bewahren zu wollen, geht es von klein auf am laufenden Band mit Negationen los. Durch diese massive Beeinflussung und die oft vorherrschende negative Grundeinstellung, ist es in der Regel nur noch eine Frage der Zeit, bis der kleine Erdenbürger, die miese, fiese und negative Einstellung angenommen hat.

Kindergarten

Hier gibt es das berühmte Gemisch, von Erzieherinnen und Kindern aus allen Schichten. Da kommt eine große Palette zusammen. Das Pessimistische, die Begrenzungen werden uns immer bewusster. Es ist spannend zu sehen, wie viele Kinder im Kindergarten positiv und gut gelaunt auf dem Weg sind und wie das Umfeld langsam aber sicher mit der Demontage beginnt.

Lehrer

Tja, die liebe Schule, was ich da alles für Einschränkungen und Begrenzungen erfahren durfte, einfach sensationell. Natürlich habe ich noch ein paar andere Dinge lernen dürfen.

„Das Pessimistische überwog jedoch bei Weitem!"

Die gesamten Mitschüler sind natürlich auch nicht besser drauf. So auf das Leben vorbereitet, hat doch was.

Studium oder Lehre

Das Spiel geht weiter, denn spätestens hier dürfen wir uns langsam aber sicher zu den Erwachsenen zählen. Wie heißt es treffend, jetzt beginnt der Ernst des Lebens. Wir haben so viele Erfahrungen sammeln dürfen, dass das kindliche Selbstbewusstsein deutlich angekratzt ist, falls überhaupt noch vorhanden.

Arbeitsplatz

Das ist leider oft ein Platz des Missmutes, des keinen Bock habens und öfters auch des Mobbings. Jeder Kunde stört, der Chef selbstverständlich auch. Wie schön wäre es doch da, wenn das Geld

Ende Monat von alleine fließen würde, ohne irgendetwas dafür tun zu müssen. Das kann man definitiv nur über passives Einkommen erreichen und auch dafür muss man vorher etwas tun.

Freunde
Eines der Hauptthemen ist oft das Negative. Das ist schade, denn es gibt nichts Destruktiveres. Freunde sind wichtig und dadurch, dass man sie nahe an sich dran lässt, haben sie direkten Zugang zu unserem Inneren. Wahre, echte Freundschaft unterstützt die gegenseitige Weiterentwicklung, kennt keinen Hass oder sogar Neidgefühle.

Nachbarn
Je nachdem, wo man wohnt, geht es heftig hin und her. Destruktives Verhalten kann sehr ansteckend wirken. Gedankenlosigkeit, Verantwortungslosigkeit, das gemeinsame Schimpfen über Gott und die Welt, da besonders die Politik. Das gegenseitige Bestärken darin, dass sowieso alles schlecht ist, das kann genauso giftig für die eigene Stimmung sein, wie das abgeschottete einsame Leben im Penthouse.

Partner
Welchen Partner haben wir uns ausgesucht? Einen positiven und lebensbejahenden Menschen, der sich freut oder das Gegenteil davon. Jemand, der bevor er morgens richtig wach ist, missmutig in den Tag einsteigt? Für den alles nur furchtbar ist, die Menschen, die Arbeit, der Zwang dazu, all das nur wegen der blöden Kohle, bis hin zu den Abendstunden oder ins Wochenende hinein. Da gibt es natürlich noch weitere Faktoren. Machen Sie sich bewusst, was da alles geschieht.

Weitere Institutionen
Es gibt noch weitere Institutionen, die zum Tragen kommen, diesen Pessimismus gerne verbreiten. Dadurch rutscht der Mensch

schnell in eine gewisse Starre und dies ist eine schlechte Ausgangsbasis. Denn aus dieser Position heraus kann man definitiv nicht viel bewegen. Hier die einzelnen Institutionen, die auch massiv Einfluss nehmen.

- Fernseher
- Internet
- Radio
- Lektüre

Zusammengefasst, die gesamten Medien, welche in dem Bereich aktiv und schnell unterwegs sind. Ich bin immer wieder aufs Neue erstaunt, wie negative Dinge ausgeschlachtet werden, wie die Medien vor allem über Missstände, Katastrophen und Skandale berichten, das ist verrückt. Wie heißt es treffend, die ganze Nation hängt permanent am Tropf, um ja nichts zu verpassen.

Fernseher

Wenn ich schon höre „Ich habe keine Zeit, ich muss die Nachrichten schauen, wissen, was in der Welt geschieht!" Hand aufs Herz, von den Nachrichten und Berichten aus dem Flimmerkasten, wie viele bringen Sie in Ihrem Leben weiter? Vor allem, wenn Sie die Nachrichten schon zum dritten Mal an diesem Tag ansehen oder sich zwischen seichten Realityshows, Werbung und all den zur Auswahl stehenden Programmen einfach durchzippen. Sich informieren mag wichtig sein, doch bei einer durchschnittlichen täglichen TV-Nutzung von mehreren Stunden, ist der Großteil davon verschenkte Lebenszeit.

Internet

Ich finde das Internet eine gigantische Plattform. Ich bin begeistert von den Möglichkeiten, die sich hier bieten. Ein Traum diese Plattform, vorausgesetzt, wir gehen damit entsprechend um. Das Internet als die Informationsquelle Nr. 1. Zugleich eine Zeitvernichtungsmaschine sondergleichen. Siehe hierzu nur die vielen Kommentare auf den verschiedensten Kanälen.

Radio

Spannende Dinge und auch immer wieder irgendwelche Horrormeldungen, was alles passiert ist. Wenn man sich diese Meldungen Tag für Tag anhört, irgendwann glaubt man das Ganze. Wenn es erstmals von unserer Seele Besitz ergriffen hat, wird es eng.

Lektüre

Auch hier das gleiche Prinzip. Wie viele positive Messages finden wir vor und wie viele negative? Gigantisch, was sich hier tut. Da gibt es die schöne Aussage über eine Zeitung, wenn man in der blättert, tropft Blut. Auch hier gilt das Gleiche, es ist unsere Entscheidung, wodurch lassen wir uns wie beeinflussen?

Sie haben die Wahl

Ich finde es genial, jeder Einzelne hat die freie Wahl sich zu positionieren oder nicht. Sich bestimmte Nachrichten einzuverleiben oder aufzupassen, dass das nicht passiert. Ich finde es sensationell, wie jeder dies für sich steuern kann und auch sollte.

Maßnahme Nr. 1: Hin zum Optimismus

Ab jetzt heißt es Pessimismus ade – hin zum Optimismus! Und ganz wichtig dabei, die Formulierung. Genauso wie wir unser Leben (spätestens) ab jetzt gezielt zum Positiven hin ausrichten, so auch parallel unsere Sprache. Das Unterbewusstsein wird es Ihnen danken, wenn Sie es mit positiven Formulierungen füttern. Wir haben die verschiedensten Einflüsse zum Pessimismus angeschaut. Sie können es für sich insgesamt öfters überprüfen. Am besten machen Sie das sogar schriftlich. Damit Sie die Kontrolle darüber haben und Ihnen nichts entgeht. Schauen wir uns jetzt die Möglichkeiten an, wie Sie es wirklich in den Griff bekommen und das Abrutschen in den Pessimismus-Bereich vermeiden.

Die einzelnen Gegenmaßnahmen

Wer nicht aufpasst, hat bereits im Vorfeld verloren. Sich zu den Verlierern zählen zu dürfen oder sogar zu müssen, ist nicht erfreulich. Schon bei den kleinsten Anzeichen, muss man dagegen halten und aufpassen, hier die einzelnen Schritte.

1. Schriftlichkeit
2. Energiehaushalts-Kontrolle
3. Gibt Energie oder kostet Energie

Schriftlichkeit

Dies ist die erste und zugleich größte Herausforderung. Denn bei diesem Punkt versagen die meisten Menschen. Da geben die wenigsten acht und hauen sich buchstäblich selbst in die Pfanne, wie der Volksmund treffend sagt. Folglich haben Sie stets Bleistift und Papier zur Hand. Notieren Sie unverzüglich alle Veränderungen.

Energiehaushalts-Kontrolle

Sie sind höchstpersönlich für Ihren Energiehaushalt verantwortlich. Achten Sie unbedingt darauf, dass dieser sich auf einem hohen Level bewegt. Denn dann sind Sie im berühmten Flow und die Dinge laufen wie von Geisterhand, alleine und mit Erfolg. Wenn Sie das Gegenteil davon sind, ist es Horror hoch zwei. Das ist das Schlimmste, was man sich antun kann.

Gibt Energie oder kostet Energie

Bei allem was Sie tun, gibt es nur diese zwei Möglichkeiten. Entweder kostet Sie die Tätigkeit oder die Leute Energie, oder Sie bekommen dadurch Energie. Wobei Letzteres natürlich das Anzustrebende ist. Alles, was Energie kostet, gilt es so schnell wie möglich zu eliminieren. Schreiben Sie auf, was Sie Energie kostet oder buchstäblich frisst. Wieso ist das so und seit wann wissen Sie es? Damit haben Sie den besten Überblick und ziehen Bilanz, das ist regelmäßig zu überprüfen.

Was frisst Energie?	Wieso?	Seit wann?
1.) ______________	______________	______________
2.) ______________	______________	______________
3.) ______________	______________	______________
4.) ______________	______________	______________
5.) ______________	______________	______________
6.) ______________	______________	______________
7.) ______________	______________	______________

8.) ______________________ ________________ ________________

9.) ______________________ ________________ ________________

10.) ____________________ ________________ _______________

Wie fühlt sich das an? Sie haben viel aufgeschrieben, davon gehe ich zumindest aus, dass die zehn Punkte erledigt sind, womöglich noch weitere. Gewöhnen Sie sich unbedingt einen Maximalismus an. Denn nur mit dieser Einstellung bewegen Sie all die Dinge, welche erforderlich sind, damit Sie zu den großen und erfolgreichen Machern gehören. Minimalismus ist nur angebracht, wenn Sie mit minimalen Ergebnissen zufrieden sein wollen. Doch Sie wollen doch mehr, deshalb all die Aktivitäten hier. Jetzt reduzieren Sie die Auswahl auf die drei für Sie relevantesten Punkte.

Was frisst Energie?	**Wieso?**	**Seit wann?**
1.) ______________________	________________	________________
2.) ______________________	________________	________________
3.) ______________________	________________	________________

Wie ist es nun? Baut es Sie auf? Macht es Sie glücklich? Haben Sie sich schon jemals so gesehen? Vielleicht finden Sie es etwas seltsam, diese ewigen Fragen nach Ihrem Wohlbefinden. Es ist jedoch das Wichtigste, denn es geht um nichts Geringeres, als Ihr Leben. Das haben Sie nur ein einziges Mal, folglich gehen Sie sorgsam damit um. Schätzen Sie es wie das Wertvollste, was Sie besitzen. Denn Sie sind das Potenzial für alles in Ihrem Leben. Jetzt reduzieren Sie es auf den für Sie dringlichsten Punkt. Wer sind Sie wirklich, seit wann wissen Sie das und haben Sie es bereits erreicht? Sind Sie angekommen oder noch weit davon entfernt.

Was frisst Energie?	**Wieso?**	**Seit wann?**
1.) ____________________	______________	______________

Das war jetzt wie ein kleiner Geburtsprozess. Ich finde das gigantisch und spannend. Schon wieder haben Sie Schöpfungsgeschichte geschrieben. Dadurch, dass Sie sich mit Ihrem Leben beschäftigen, die einzelnen Punkte festgehalten haben. Schwarz auf weiß und jederzeit nachles- und nachvollziehbar. Seien Sie stolz auf sich, Sie gehören zu der Minderheit, die es wirklich schafft. Denn die meisten Menschen ziehen sich lieber ins Jammern und Klagen zurück. Das ist für sie eine größere Erfüllung. Wie dumm und unqualifiziert, derart durchs Leben zu gehen.

Ihr Fazit: ____

Nr. 2: Keine Ziele vor Augen

Viele Menschen haben keine klaren Ziele vor Augen, unklare Vorstellungen von dem, was sie gerne haben möchten, ihnen Spaß bereitet. Aber das reicht bei Weitem nicht aus. Ziele haben bestimmte Eigenschaften, derer man habhaft sein muss, sonst wird es nichts und das wäre doch schade.

Wieso haben die meisten Menschen keine Ziele

Ich erlebe das häufig auf meinen Seminaren und den Erfolgscoachings. Die Materie Ziele wird kaum von jemandem beherrscht und das macht es traurig, ist es doch das Elementarste im Leben. Denn ohne Ziele keine Chance, auf ein selbstbestimmtes Leben. Die meisten haben leider nie gelernt, zielorientiert zu handeln und zu leben. Vieles wird dem reinen Zufall überlassen und damit haben wir den schlechtesten, aller Ratgeber an unserer Seite.

Mangelnde Vorbilder

Dies ist das Hauptproblem, denn als kleines Kind bleibt Dir nichts anderes übrig, als Dich auf die Eltern zu verlassen. Es ist die einzige Chance, die Du hast, um nicht unterzugehen, Du eiferst Deinen Eltern nach. Ob das gut ist oder nicht, es ist zumindest für Dich überlebenswichtig. Später geht es so weiter, Schule, Beruf, Freunde, Partner, Kollegen, Bekannte und viele weitere Menschen. Aber sind das die richtigen Vorbilder für Deine wahren Wünsche und Ziele?

Ohne Ziele keine Chance

Ich finde es fatal, dass etliche großartige Menschen, leider dieses Handicap aufweisen. Dadurch geht das Leben buchstäblich an ihnen vorbei. Ohne dass sie das gesamte in ihnen innewohnende Kapital, gewinnbringend für sich und andere Menschen zur Anwendung bringen. Das ist schade, das Potenzial schon in sich angelegt zu haben und die Chance nicht zu nutzen.

Das intensive Hoffen, Wünschen und Beten nützt nichts

Kennen Sie das, man hofft, wünscht innig und betet. Das sind die oftmals angewandten Parameter, damit es etwas wird. Aber das eigene Leben nur auf Hoffnung aufzubauen, ist das Schlimmste, was man als Mensch machen kann. Denn von der Hoffnung geht es unverzüglich in die Enttäuschung.

Das intensive Wünschen

Was sagen die meisten, man muss intensiv wünschen und dann wird es Wirklichkeit, auch das reicht leider nicht aus. Es wäre zu schön, um wahr zu sein. Stellen Sie sich einmal vor, welche genialen Zustände. Man setzt sich hin oder liegt, wünscht sich etwas und Simsalabim ist es da. Haben Sie dies in Ihrem Leben schon erlebt? Ich nicht und wenn ich mir all die erfolgreichen Menschen anschaue, haben diese unendlich viel für ihren Erfolg getan.

Das intensive Beten

Das ist nett, zu beten und zu hoffen, dass der liebe Herrgott es richten möge. Da gibt es die nette Geschichte, wo jemand immer betet, Gott möge ihm endlich einen „Sechser" im Lotto bescheren. Eines Tages tat sich der Himmel auf und Gott erschien. Zutiefst erschrocken schaute der Betende nach oben. Da sprach Gott zu ihm „Du betest jetzt schon etliche Jahre, dass ich dir einen „Sechser" im Lotto beschere. Was trägst du dazu bei? Nichts, du betest fortlaufend. Du hast noch nicht einmal einen Lottoschein gekauft. Wie willst du da gewinnen?"

Diese Geschichte finde ich spannend, weil es genau das Thema der meisten Menschen ist. Es wird gebetet, gehofft, aber nichts dafür getan, das reicht definitiv nicht aus. Wieso sollte Gott oder sonst eine höhere Macht, wirklich für uns etwas tun, während wir gemütlich die Hände im Schoss halten, und warten, dass ein Wunder geschieht. Da trifft folgendes Zitat zu

„Von nichts – kommt auch nichts!“

Dessen sollten Sie sich bewusst sein. Eine weitere Aussage zur Vertiefung ist

„Ohne Aussaat, keine Ernte!“

Jeder Landwirt weiß, wenn er nicht sät, kann er nichts ernten, außer Unkraut. Er würde sich nie darüber beschweren. Denn er weiß es und um genau dem zu entgehen, bestellt er den Acker rechtzeitig. Machen Sie es ihm nach und Sie werden endlich das ernten, was Sie schon immer ernten wollten.

Das Leben ist kompliziert

Das behaupten die meisten, stimmt jedoch nicht. Das Leben verläuft nach bestimmten Abläufen. Es gibt für alles sogenannte Gesetzmäßigkeiten. Wenn wir diese einhalten, geht es uns gut, sind wir im Flow, in der berühmten Leichtigkeit des Seins. Genau das ist der Sinn dieses Buches, Ihnen zu helfen, endlich aus der Falle auszubrechen. Das eigene Leben und natürlich nicht das eines anderen Menschen zu leben. Dies ist oftmals kein leichtes Unterfangen, gibt es doch unzählige Störenfriede am Wegesrand, die versuchen, uns zu manipulieren.

Sie haben angefangen, das ist wundervoll

Sie haben bereits durch das Lesen dieses Buches angefangen, das ist der erste Schritt. Jetzt heißt es für Sie dranbleiben und nochmals dranbleiben. Wenn Sie ausrutschen und die Gefahr besteht, dass Sie vom Wege abkommen, starten Sie wie beim Computer einfach neu. Nichts ist so schlimm, als dass es am nächsten Tag nicht besser gemacht werden könnte. Aber es muss eben getan werden, das ist die entscheidende Kunst.

Maßnahme 2: Klare Ziele vor Augen

Wir könnten hingehen und alles so lassen, wie es ist. Das machen, was viele Menschen tun, jammern und klagen. Dies ist ein gerne gespieltes Instrument, aber für die Mitmenschen widerlich und abstoßend. Außer für diejenigen, die dieses Instrument selber gerne spielen. Dann kann man sich ja zusammentun, was etliche machen. Gemeinsam geklagt, ist doppelt geklagt und schafft eine große innerliche Zufriedenheit, das ist aber nicht unser Ziel.

Selbsterkenntnis ist der erste Weg

Die Problematik schnell zu erfassen ist einiges wert und der erste Schritt in die Veränderung. Es gibt nichts Schlimmeres, als alles beim Alten zu lassen. Genauso dumm ist es, nur zu jammern und zu klagen. Davon alleine ändert sich genauso wenig wie durch Nichtstun. Das Einzige, was man mit solchem Verhalten erreicht ist, dass es schlimmer wird.

Das Leben ist ungerecht

Wie oft wird solch eine Aussage bemüht und zugleich gehofft, dass es irgendwo ein Entrinnen geben muss. Das Leben ist nicht ungerecht, es ist das, was Sie daraus machen. Sie haben jeden Tag alle Chancen dieser Welt. Sie müssen diese nutzen, bereit sein, das Leben, Ihr Leben ganz fest in die eigenen Hände zu nehmen und eine große Meisterleistung daraus zu machen.

Was wollen Sie überhaupt

Haben Sie sich darüber jemals Gedanken gemacht? Was wollen Sie aus Ihrem Leben machen? Nach dieser Frage schauen mich viele entsetzt an, nach dem Motto „Wie, was machen wollen? Ich nehme das, was kommt und hoffe, dass es gut ist!" Diese Erwartungshaltung führt in Durchschnittlichkeit oder schlimmer noch, ins Elend. Manchmal ist es sofort ersichtlich, manchmal dauert das Ganze ein wenig länger. Das darf niemals die Ausgangsbasis unseres Lebens sein. Jetzt starten wir mit dem berühmten Eingemachten. Wir wollen unverzüglich etwas bewegen und damit gehen wir in die Schriftlichkeit. Das wird im nächsten Erfolgsverhinderer-Punkt Nr. 3 aufgeführt.

Schreiben Sie alles auf, was Sie möchten

Bei dieser Arbeit bitte keinesfalls in irgendeiner Form zensieren. Auch nicht überprüfen, ob es richtig ist oder nicht, halten Sie alles fest. Wie heißt es, lassen Sie es bitte laufen. Mit Sicherheit wird sich dabei die berühmte innere Stimme (Schweinehund) melden und Ihnen ins Ohr flüstern, das alles Blödsinn wäre und Sie es nicht zu tun bräuchten. Dass Sie etwas in der Art womöglich bereits getan haben und es nichts gebracht hat. Also lieber lassen und weiterlesen. Wenn es tatsächlich so einfach wäre, wieso es dann nicht alle Menschen tun würden. Genau in solchen Momenten heißt es für Sie gut aufzupassen und sich nicht davon abbringen lassen. Denn sonst haben Sie verloren und das ist doch das, was Sie nicht möchten oder? Also los geht es und viel Spaß dabei.

Meine Ziele?	**Wieso?**	**Seit wann?**
1.) ____________	____________	____________
2.) ____________	____________	____________
3.) ____________	____________	____________
4.) ____________	____________	____________
5.) ____________	____________	____________

6.) ______________________ ________________ ________________

7.) ______________________ ________________ ________________

8.) ______________________ ________________ ________________

9.) ______________________ ________________ ________________

10.) ____________________ ________________ ________________

Wie fühlt es sich an? Sind Sie glücklich und happy darüber, alles aufgeschrieben zu haben? Oder geht es Ihnen eher wie vielen Menschen, dass Sie sich nicht trauen, Ihre Ziele und Wünsche zu formulieren. Weil Sie verunsichert sind, vielleicht Zweifel, Lustlosigkeit, oder sogar Angst aufziehen? Auch das ist möglich, die Frage ist, wie gehen Sie damit um? Wichtig ist bei all diesen Facetten, die auftreten können, unter allen Umständen am Thema dran zu bleiben. Ziehen Sie es durch, denn über eines sind wir uns im Klaren, wenn Sie nichts ändern, bleibt alles wie gehabt.

Sie sind angetreten, Ihrem Leben eine Wende zu geben, zu einem besseren, wohlgefälligeren Dasein. Das sind Sie sich doch schuldig oder? Also lassen Sie sich darum nicht durch irgendwelche Störungen beirren, ziehen Sie es durch. Wenn Sie zehn Punkte aufgeschrieben haben, herzlichen Glückwunsch. Wenn nein, holen Sie es nach. Lesen Sie erst dann weiter, wenn Sie es tatsächlich getan haben. Jetzt reduzieren Sie das Ganze auf Ihre drei wichtigsten Ziele. Reduktion auf das Wesentliche, nennt sich dieser Prozess.

Meine Ziele?	**Wieso?**	**Seit wann?**
1.) ______________________	________________	________________
2.) ______________________	________________	________________

3.) ______________________ ________________ ________________

Welch ein großartiges Gefühl sich vielleicht gerade für Sie auftut, das ist pure Lebensfreude. Vielleicht denken Sie aber auch, dass dies alles nicht der Rede wert ist. Es ist jedoch ein dringlicher Schritt endlich anzufangen, eine große Dankbarkeit an den Tag zu legen. Weg von der Einstellung, dass alles selbstverständlich ist, das ist es auf keinen Fall. Die Dinge können sich im Leben rasend schnell ändern. Aus der Dankbarkeit heraus mehr zu bewegen und zu schaffen, ist der entscheidende Faktor.

Was haben Sie im Moment für eine Stimmung? Womöglich denken Sie, wieso geht es permanent um mein Wohlgefühl? Weil dies das Wichtigste für Ihr Leben ist. Sie sind für sich in jeder Hinsicht verantwortlich. Es geht ausschließlich um Sie, Sie sind das Maß der Dinge. Gehen Sie daher besonders sorgsam mit sich um und fragen Sie stets nach Ihrem Wohlbefinden. Wenn Sie dieses verlieren, verlieren Sie insgesamt. Bleiben Sie dran, jetzt kommt das sogenannte Finale, reduzieren Sie es auf den dringlichsten Punkt

Meine Ziele?	**Wieso?**	**Seit wann?**
1.) ______________________	________________	________________

Für etliche ist es schwer, sich auf ein Ziel zu konzentrieren. Es scheint nahezu ein Ding der Unmöglichkeit zu sein. Eine Hilfe ist, sich zu fragen, was es bedeuten würde, wenn man das Ziel nicht erreicht. Wie weh tut es? Nur wenn es furchtbar und unendlich schmerzt, richtig ans Eingemachte geht, liegen Sie richtig. Daher überprüfen Sie nochmals die einzelnen Stationen. Womöglich fallen Ihnen bei der Durcharbeitung sogar noch andere Ziele ein, an die Sie noch nicht gedacht haben. Das geschieht häufig, ist ein normaler Ablauf und Prozess. Denn wenn wir alles auf einmal hinbekommen würden, wäre es fast langweilig und zu leicht, das könnte dann jeder. Siege und große Gewinne sind aber für die berühmten Sieger reserviert. Für Menschen, die bereit sind, sich außerordentlich zu engagieren. Was ist Ihr Fazit aus dem Ganzen?

Ihr Fazit: ____

Fazit bedeutet, was haben Sie für sich daraus gelernt? Wie gehen Sie in Zukunft damit um? Denn nur in der Erkenntnis und sich daraus ergebenden Veränderungen haben wir die Chance, Großes und Glücklichmachendes zu erreichen. Ein spannender Anfang, den Sie heute zu Papier gebracht haben.

Nr. 3: Keine Schriftlichkeit

Sich vor Schriftlichkeit zu drücken, ist ein schlimmer Erfolgs-Verhinderungsgrund. Erstens, weil man sich so nicht darauf konzentriert und zweitens dadurch nicht endlich die Dinge tut, die längstens fällig sind, drittens auch keine Kontrolle hat. All das kann man aber nur dadurch schaffen, indem man die Schriftlichkeit nutzt.

Schwarz auf weiß, das bleibt erhalten

Ihr Kopf, unser Kopf ist zu schwach, um alles festzuhalten. Wenn der berühmte Gefühlscocktail hinzukommt, ist es oft ein kleiner Weg rauszurutschen und den Bezug zu den wesentlichen Dingen zu verlieren. Möchten Sie das? Bestimmt nicht und aus diesem Grunde gehen wir den Weg der Schriftlichkeit.

Arbeiten Sie mit der Schriftlichkeit

Am Anfang mag es Ihnen komisch vorkommen. Im Laufe der Zeit gewöhnen Sie sich hundertprozentig daran. Es wird zur Selbstverständlichkeit, Sie können dann gar nicht anders. Das bringt Sie in eine neue Dimension hinein.

Welche Formen gibt es

Das Ursprüngliche ist nach wie vor Bleistift und Papier. Hat auf der anderen Seite den Nachteil, dass man ein Blatt Papier schnell verhühnert. Darum ist es sinnvoller, mit einem Erfolgsbuch zu arbeiten oder mit dem Rechner, je nachdem, wo Sie sich am meisten aufhalten. Ich arbeite in erster Linie mit meinem Notebook, weil ich das immer dabei habe. Aber manchmal geht das nicht, vor allem beim Autofahren, Laufen, in der Badewanne oder bei sonstigen Wartezeiten. Das ist fatal, diese Zeit nicht effizient für seine Ideen zu nutzen. Hier nehme ich das Diktiergerät und lasse es abtippen. Dadurch bleiben mir alle wichtigen Erkenntnisse erhalten.

Gedanken sind oft wie fliegende Fische

Man sieht sie kurz und schon sind sie in der Tiefe des Ozeans verschwunden. Sicherlich haben Sie auch schon solche Momente in Ihrem Leben gehabt. Sie hatten eine geniale Idee und schwups war sie für alle Zeiten weg. Wertvolles Gedankenmaterial geht dabei verloren. Deshalb heißt es für Sie sofort und dringend Einhalt zu gebieten, nutzen Sie Papier und Technik.

Wer nichts festhält, hat verloren

Eine uralte Formel, die sich permanent bestätigt. Wir glauben viel getan zu haben und haben dabei kaum etwas bewegt. Auf der anderen Seite glauben wir häufig, weit gekommen zu sein und haben uns womöglich nur im Kreise gedreht.

Sie müssen jederzeit wissen, wo Sie sich gerade befinden

Dazu möchte ich Ihnen eine Geschichte erzählen. Sie befinden sich auf einem Flug, über den großen Teich, unter Ihnen seit Stunden Wasser. Nach einiger Zeit meldet sich der Pilot und teilt Ihnen beiläufig mit, dass man nicht genau weiß, wo man sich befindet, die Orientierung verloren hat. Sie würden das sicherlich spannend finden und sich über die Aktion freuen, richtig? Bestimmt nicht, Sie würden sich aufregen und Ihr Gefühl sich schlagartig in Angst verwandeln. Kein Pilot würde derart auf die Reise gehen. Nur wir Menschen beschäftigen uns oft überhaupt nicht mit der eigenen Positionierung.

Deshalb wird alles Punkt für Punkt festgehalten

Sie schreiben jeden noch so kleinen Punkt auf. Jede Veränderung ist es wert, sofort schriftlich fixiert zu werden. Sie können es sich nicht leisten, auf Abwegen zu wandeln. Das Risiko ist zu groß, Ihre angestrebten Ziele nicht zu erreichen. Denn der Gedanke ans Versagen treibt Ihnen die Tränen ins Gesicht und auf der anderen Seite einen gesunden Zorn.

Maßnahme Nr. 3: Nur mit Schriftlichkeit

Wie immer im Leben gibt es für alles eine Gegenmaßnahme. Wie es das wundervolle Wort Gegenmaßnahme ausdrückt, geht es um das „Gegen“ gehen und um „Maß“ nehmen. Nicht hingehen und die Dinge erdulden, oh nein, niemals, das ist nicht Ihr Weg. Sie kennen nur eines, entweder es ist für Sie und tut Ihnen gut oder nicht. Dann setzen Sie sofort die berühmten Gegenmaßnahmen ein. Manchmal reicht eine, oft sind es jedoch auch mehrere Maßnahmen. Das spielt für Sie überhaupt keine Rolle, Sie sind ein Macher, und wie es das Wort ausdrückt, ein Macher macht alles, was erforderlich ist.

Schriftlichkeit ein absolutes Muss

Es darf für Sie überhaupt keine Alternative geben. Ohne schriftliche Fixierung fangen Sie nicht an. Das hat sich tief in Ihr Inneres eingebrannt und gehört fest zu Ihnen dazu. Es ist zu einem Teil von Ihnen geworden. Das gelingt nicht auf Anhieb, dafür müssen Sie etwas tun. Wenn Sie es geschafft haben, ist es gigantisch und glücklich machend.

Überprüfen Sie es täglich

Ohne Kontrolle keine Chance. Gewöhnen Sie es sich an, Tag für Tag eisern dran zu bleiben. Jeder kleine Fortschritt oder jede Veränderung wird fixiert. Sie wissen jeden Abend, wo Sie stehen und was Sie bewegt haben. Das macht Sie wesentlich selbstsicherer und stärker. Es ist ein Zeichen, dass Sie Ihr Leben voll und ganz in Ihren Händen halten.

Abends vor dem Zubettgehen

Es ist Ihr letzter Akt, bevor Sie sich abends schlafen legen, zu kontrollieren. Mit dem wunderbaren Gefühl viel bewegt zu haben, legen Sie sich ins Bett. Genießen die Nachtruhe und den erholsamen Schlaf, damit Sie morgens wieder voller Vitalität und Power den Tag anpacken können.

Haben Sie Geduld mit sich

Die Macht der Gewohnheiten wird immer wieder zum Tragen kommen. Akzeptieren Sie es und gehen Sie liebevoll mit sich um. Wie oft beschimpfen Sie sich? Das dürfen Sie nie mehr tun. Denken Sie bei all Ihrem Handeln und Tun, Rom wurde auch nicht an einem Tag erbaut. Rückschläge gibt es immer wieder, auch Hinfallen ist keine Schande. Nur liegen bleiben dürfen Sie nicht.

Nr. 4: Keine Vorstellungskraft

Was Sie sich nicht vorstellen können, hat keine Chance Wirklichkeit zu werden. So simpel ist das Spiel des Erfolges. Deutsch ist eine wundervolle Sprache, mit unendlicher Power und Kraft in sich vereint. Dazu muss man die Sprache verstehen und mit ihr umgehen.

Was bedeutet das Wort Vorstellungskraft

Wenn wir das Wort expliziter untersuchen, heißt es klar „Vorstellungskraft" und wenn wir nun im Einzelnen die Positionen anschauen, ergeben sich daraus spannende Sequenzen. Lassen Sie sich jede einzelne Position durch den Kopf gehen und Sie erkennen sich dadurch selbst.

Vor

Das heißt, es steht vorne dran, ist im Blickfeld und stets visualisierbar. Vorne dran zu sein ist das Wichtigste, nicht hinten. Denn die Musik spielt ja bekanntlich vorne und nicht hinten.

Stellung

Was in Stellung geht, Stellung einnimmt, birgt die Chance sich zu manifestieren. Es ist kein kurzer Moment, sondern es wird buchstäblich einbetoniert, um die Festigkeit an den Tag zu legen.

Kraft

Wenn etwas vorne dran ist, in Stellung geht, entwickelt sich daraus eine ungeheuerliche Kraft und Dynamik. Es ist faszinierend, dies zu erkennen und dann in die Umsetzung zu gehen.

Ich habe keine Vorstellungskraft

Das hört man oft und es ist die größte Lüge, natürlich haben Sie eine Vorstellungskraft, Sie erinnern sich womöglich nicht daran.

Lassen Sie uns gemeinsam auf die Reise gehen. Es gab in Ihrem Leben eine Zeit, da schwelgten Sie von einer Vorstellung zur anderen. Im Laufe der Zeit wurde es dunkler, um genau diese Vorstellungskraft. Hier die einzelnen Stationen

- Ihre Kindheit
- Ihre Jugend
- Ihr Erwachsensein
- Ihre Alterszeit

Ihre Kindheit
Da gab es für Sie keine Grenzen. Wissen Sie noch, was Sie alles werden wollten? Es war sensationell, es gab für Sie keine einzige Grenze. Alles war möglich und Sie waren da schnell beim Wechseln, eine gigantische Zeit in Ihrem Leben.

Ihre Jugend
Als Sie Ihre Kindheit verlassen mussten und auch wollten, wurde es eng. Man hat Ihnen beigebracht, dass jetzt der Ernst des Lebens beginnt. Das Leben nicht leicht sei und schon gar nicht sich nach Ihnen richtet. Bescheidenheit wurde zum Thema. Als Rebell in der Pubertät waren Sie aber sicher, dass für Sie andere Regeln gelten.

Ihr Erwachsensein
Wie sagt der Volksmund treffend „Komme du erstmals in der Realität des Lebens an!“ Jetzt sind Sie da, mitten drin. Haben Ihre Kindheit verlassen, das unbekümmerte Jugendlichendasein. Nun stehen Sie plötzlich mitten im Leben. Sie haben einen Beruf und sind dazu verpflichtet, täglich einer Arbeit nachzugehen. Natürlich gibt es ein paar Ausnahmen, von denen wollen wir aber nicht sprechen. Die ersten Partnerschaften liegen hinter Ihnen, womöglich befinden Sie sich gerade in einer. Vielleicht träumen Sie noch ab und zu, leben in der Hoffnung, dass sich etwas ändern wird.

Ihre Alterszeit

Spätestens hier wird unerbitterlich Bilanz gezogen. Da geht es buchstäblich an die berühmte Abrechnung. Zurück zu blicken und festzustellen, dass das Leben einfach so verpufft ist. Man doch solche Träume und Pläne hatte, diese in Vergessenheit geraten sind, und es jetzt womöglich zu spät ist. Fragen Sie einmal ältere Menschen, wie ihr Leben war? Wie häufig erhält man da zur Antwort

**„Ich habe mir alles anders vorgestellt?
Das soll es jetzt gewesen sein? Wenn ich das gewusst hätte!"**

Wissen Sie, wie bitter solche Aussagen sind? Das muss brutal sein, derart dazustehen und zu wissen, dass der Tod nicht mehr lange auf sich warten lässt. Es womöglich nur noch wenige Wochen, Monate, Jahre geben wird. Aber nicht die Unendlichkeit, die wir in früheren Jahren spürten.

Das Leben ist Vielfalt

Führen Sie sich das vor Augen. Das Leben ist nicht Bescheidenheit und Armut, wie uns häufig versucht wird beizubringen, sondern birgt immense Möglichkeiten. Aber nur mit Warten schaffen wir das definitiv nicht. Oh ja, es ist bitter nötig, dass wir uns auf den Weg machen, wieder lernen da anzuknüpfen, wo wir vor langer Zeit einmal standen, es für uns keine Grenzen gab. Das ist traumhaft und himmlisch zugleich, Sie werden sich in jeder Hinsicht wundervoll und glücklich fühlen.

Das Leben hält für Sie viel parat

Lesen Sie sich diesen Satz immer wieder durch. Es wartet jedoch nicht auf Sie, es wird Ihnen diese Schätze auch nicht bringen. Da müssen Sie sich auf den Weg machen. Sie fühlen sich hoffentlich regelrecht dazu verpflichtet, sich zu engagieren und die Straße des Erfolges zu gehen. Seien Sie dafür dankbar, dass es endlich an der Zeit ist, dass Sie ihn gehen. Sie sind wundervoll und großartig, haben tief in Ihrem Inneren eine wertvolle Schatzkammer. Diese ist leider durch Störungen verschüttet. Sie können diesen Schatz wieder heben. Entscheidend dabei ist, dass Sie dran bleiben. Tag für Tag und nicht warten. Das Wort „Warten" streichen Sie aus Ihrem Vokabular, es ist nicht existent. Für Sie gilt genau ab dieser Zeile

„Machen und Tun!"

Von früh bis spät befinden Sie sich in Ihrem Leben. Sie sind angekommen und bewegen sich wie ein großer Meister, der viel, sogar sehr viel bewegt.

Ihre eigene Vorstellungskraft

Wir gehen wieder in die berühmte Schriftlichkeit, lesen nicht nur, sondern fangen unverzüglich an zu schreiben. Bitte nicht groß darüber nachdenken, denn das eigentliche Denken ist hinderlich. Lassen Sie es fließen und der Sieg sei Ihnen gewiss. Schreiben Sie alles auf, was für Sie wichtig ist, sich in Ihrer Vorstellungskraft befindet. Sie werden überrascht sein, was zum Vorschein kommt, viel Spaß und Lebensfreude.

	Ihre Vorstellungskraft?	**Wieso?**	**Seit wann?**
1.)	____________	____________	____________
2.)	____________	____________	____________
3.)	____________	____________	____________
4.)	____________	____________	____________
5.)	____________	____________	____________
6.)	____________	____________	____________
7.)	____________	____________	____________

8.) ______________________ ________________ ________________

9.) ______________________ ________________ ________________

10.) _____________________ ________________ ________________

Was haben Sie sich alles vorgestellt? Wieso ist das so? Ein absolutes „Muss" ist, dass wir die Dinge begründen können. Woher diese kommen und was sie in uns verursachen. Wenn Sie noch den Zeitpunkt festhalten, seit wann dies der Fall ist, sind Sie in Ihrem Leben sehr weit gekommen. Sollten Sie sich an die letzten zwei Elemente nicht mehr erinnern, ist das weiters nicht tragisch. Akzeptieren Sie es und schätzen Sie es einfach ab.

Als ich dies das erste Mal für mich gemacht habe, war es wie Achterbahn fahren. Langsam nach oben und gnadenlos nach unten schießend. Ich wurde durchgerüttelt, wie niemals zuvor. Freude, Angst, Zorn all das hat sich abwechselnd die Hand gegeben. Dazu kommt die Unfassbarkeit, wieso ich nicht früher alles richtig in die Hand genommen habe. Aber diese Frage war unnötig, es ist, wie es ist. Darum wollen wir nicht nach hinten schauen, sondern nach vorne. Reduzieren Sie die Punkte auf Ihre drei wichtigsten.

Ihre Vorstellungskraft? **Wieso?** **Seit wann?**

1.) ______________________ ________________ ________________

2.) ______________________ ________________ ________________

3.) ______________________ ________________ ________________

Wie fühlt sich das Ganze für Sie an, wie erhaben ist es? Egal, welche Gefühle Sie gerade heimsuchen, stehen Sie zu sich. Sollten Ihnen dabei Tränen kommen, lassen Sie diese ruhig laufen. Stehen Sie hundertprozentig zu sich, das sollten Sie ab sofort immer und permanent tun.

„Wir sind der Meister unseres Schicksals!"

Prägen Sie sich diesen Satz fest in Ihr Inneres ein. Was zählt ist nicht das, was andere meinen, sondern ausschließlich Sie. Andere Menschen werden gehen und neue kommen. Sie werden sich eines Tages mit Ihrem Körper verabschieden, folglich bleiben Sie bei sich. Nun Ihre wichtigste Vorstellungskraft.

Ihre Vorstellungskraft?	**Wieso?**	**Seit wann?**
1.) ____________________	______________	______________

Wow, Sie haben es geschafft, sind in Ihrem Inneren bis hierher durchgedrungen, haben Ihren Schatz gehoben. Achten Sie darauf, es gibt bei diesen Prozessen kein richtig oder falsch. Alles ist gut, so wie es ist. Denn das Leben und in diesem Falle Ihr Leben, ist fließend und das muss auch so bleiben.

**„Es gibt keine Grenzen,
außer die, welche Sie sich selbst setzen!"**

Darum seien Sie im Umgang mit Aussagen wie „Das geht nicht, kann man nicht machen, ist unmöglich" vorsichtig. Diese sind alles sogenannte, selbst erfüllende Prophezeiungen. Sie haben die Wahl, ob Sie die positive, lebensbejahende Variante wählen oder die einschränkende und damit negative, lebensverachtende Form vorziehen. Es liegt wie immer, ausschließlich an Ihnen.

Ihr Fazit: ____

Maßnahme Nr. 4: Mit der Vorstellungskraft arbeiten

Wir könnten hingehen das Ganze bejammern und beklagen, wie furchtbar und schrecklich alles ist. Dass, was fast alle Menschen veranstalten, weiterhin mitmachen. Wir können aber auch hingehen und eine Änderung einleiten, ein Meisterwerk aus unserem Leben machen. Ich bin begeistert, welch ein Potenzial möglich ist, einfach super und klasse.

Sie werden gleich neue Erkenntnisse gewinnen

Das finde ich wundervoll, wenn man permanent neue Erkenntnisse gewinnt und diese umsetzt. Sie haben Ihre einzelnen Positionen für die Vorstellungskraft ja bereits notiert. Das war ein Teil der Arbeit. Jetzt schauen wir uns die Möglichkeiten an, die es zusätzlich noch gibt, und werden diese gleich in Position bringen.

Der erste Schritt ist Offenheit

Machen Sie es sich zur Maxime, allem gegenüber offen zu sein. Denn nur das schafft einen neuen und größeren Horizont. Das Problem von den meisten ist, dass sie in der ablehnenden Haltung durchs Leben gehen. Eines der geflügelten Worte hierzu ist

„Das geht nicht!“

Dies ist der dümmste Spruch, den man als Mensch überhaupt aussprechen kann. Das ist ein absolutes Tabu und diesen Satz streichen Sie bitte komplett aus Ihrem Vokabular, er ist nicht existent. Die Devise muss aber lauten „Geht nicht, gibt es nicht!“

Es geht immer, Frage ist nur wie

Das ist der entscheidende Punkt, wenn Sie etwas Neues sehen, bitte nicht ablehnen. Denn Sie wissen noch lange nicht alles übers Leben und über das Neue. Sie kennen einen Bruchteil davon und das ist im Grunde genommen schade. Das Leben ist reichhaltig und wir bewegen uns in einem kleinen Segment, sind der Meinung, dass das unser Leben ist.

Unsere Perspektive ist stark eingeschränkt

Das ist einfach so und die einzige Chance daran zu arbeiten, ist es zu erkennen und anzugehen. Wie groß Ihr Fokus ist, hängt damit zusammen, wo Sie aufgewachsen sind. Was haben Ihre Eltern für einen Habitus? Wo und wie leben Sie? Es ist ein Unterschied, ob ich in einer kleinen Wohnung aufwachse oder in einer Villa. Ob in ärmlichen Verhältnissen oder in einem wohlhabenden Elternhaus. Ich hatte das Glück, in der ersten Form aufzuwachsen, durfte auch an der anderen Welt schnuppern. Und dort fand ich so viel Großartiges, dass ich mich klar, konkret, messbar und unmissverständlich dazu entschlossen habe, in diese Welt einzutreten.

Bevor Sie etwas ablehnen, schauen Sie es sich genau an

Wenn Sie mit neuen Dingen konfrontiert werden, schauen Sie genau hin. Ihr innerer Schweinehund, als Saboteur wird schnell sagen, dass dies nichts ist. Seine Aufgabe ist doch permanent dazwischen zu funken, wo es überhaupt nur irgendwie geht, denn er will am liebsten null Risiko. Sicherheit und Beständigkeit liebt er, und das geht am leichtesten, wenn alles bleibt, wie es ist. Doch Weiter-Entwicklung geschieht nur beim Blick über den Tellerrand, beim Verlassen des Bekannten, beim Schritt über den Horizont.

Fixieren Sie das Neue sofort

Sie lernen etwas Neues kennen, fixieren Sie es sofort schriftlich. Sie müssen ja keinesfalls gleich eine Entscheidung treffen. Das ist nicht nötig, wichtig ist nur, dass Sie es festhalten und dadurch können Sie damit wunderschön arbeiten. Es handelt sich jeweils um einzelne Entwicklungsschritte. Das ist traumhaft, wenn Sie diesen Weg gehen und sich über jeden einzelnen Abschnitt riesig freuen, den Sie Stück für Stück täglich erringen.

Gehen Sie jedem Gefühl nach

Wir Menschen haben eine große Palette an Gefühlen. Vieles macht uns Angst, verunsichert uns und das Resultat daraus ist Blockade. Das können und wollen wir uns nicht mehr leisten. Denn der Preis dieses Verhaltens ist zu hoch. Egal, was Sie sehen, Sie inspiriert, schauen Sie es genauer an. Vielleicht ist das gerade Ihr Thema. Hören Sie auf die kleinen feinen Impulse, von ganz tief drinnen.

Es gibt einige Orte der Inspiration

Ich bin begeistert, wie viele Orte der Inspiration es gibt. Schauen wir uns etliche gemeinsam an. Das öffnet Ihren Fokus.

- Gespräche mit Mitmenschen
- Filme
- Reisen
- Lesen
- Internet
- Vorträge
- Seminare
- Erfolgscoaching

Gespräche mit Mitmenschen

Das ist ein riesiger Fundus, den Sie antreffen. Wichtig dabei ist, dass Sie mit neuen Menschen in Kontakt treten. Denn sonst drehen Sie sich im Kreise, wenn Sie bei Ihren alten Bekannten und Freunden bleiben. Lassen Sie keinen Raum für Jammerei und Klagen. Bitte beachten Sie, wenn Sie wirklich Erfolg haben möchten, ist es unabdingbar, dass Sie sich mit erfolgreichen Menschen abgeben, deren Nähe suchen und von ihnen lernen. Was nützt es, wenn Sie als Beispiel sich mit Ihrer besten Freundin unterhalten, was man alles müsste. Lernen können Sie nur von Erfolgreichen.

Ein Beispiel, Sie möchten die besten Brötchen der Stadt backen. Wo gehen Sie da zum Lernen hin? Ist doch logisch, werden Sie sich sagen. Sie gehen zum besten Bäcker weit und breit, den Sie finden können. Dort lernen Sie Ihr Handwerk und dann kann es losgehen. Sie werden weder zum Metzger, Gemüsehändler noch sonst wohin gehen. Genau so machen Sie es Tag für Tag und der Erfolg ist Ihnen gewiss. Von anderen zu lernen, das nennt man „Modelling of excellent!" Nachmachen, imitieren. Das beherrschen Sie ja bereits. Das haben Sie als kleines Kind damals meisterlich gemacht, haben automatisch Ihre Eltern imitiert.

Filme

Bewegte Bilder haben schon immer die Seele inspiriert und beflügelt. Wenn es noch schöne und ergreifende Bilder sind, dann erst recht. Gewöhnen Sie sich daran, immer zweidimensional Filme anzuschauen. Einmal zur Entspannung und um herauszufinden, was berührt Sie in dem Film? Was können Sie für sich daraus lernen? Dann halten Sie die Punkte fest. Gewöhnen Sie sich daran, sofort in die Schriftlichkeit zu gehen und Ihre Erkenntnisse, Ihren Kick und was Sie ab sofort tun werden, festzuhalten. Das hilft Ihnen in Ihrem Leben weiterzukommen. Das machen Sie auch mit allen anderen Punkten. Dadurch gewinnen Sie im Laufe der Zeit eine Schatzkammer, auf die Sie permanent zurückgreifen können.

Die Wahl der Filme, das ist oftmals die große Frage. Letztlich kann man aus jedem Film Erkenntnisse gewinnen, die da lauten „Oh ja, das würde ich auch gerne machen, haben oder sein!" Alles ist offen und das ist gut, ist ja gerade das Spannende daran. Hier kann ich Ihnen meinen Lieblingsfilm empfehlen

„Die Möwe Jonathan!"

Diesen sollten Sie sich unbedingt anschauen und Sie werden sich zigfach erkennen. Er ist genial und spricht eine deutliche Sprache. Sie spüren in sich, dass es noch mehr gibt, eine komplett andere

Dimension auf Sie wartet. Sie wissen nur nicht genau, wie Sie da hingelangen. Sie fangen an das Neue auszuloten und Ihr Umfeld erklärt Sie für verrückt, versucht Sie daran zu hindern. Sie fallen hin und manche Mitmenschen freuen sich darüber. Das erkennen Sie an Kommentaren wie „Tja, das hätte ich dir gleich sagen können" „Das hast du davon" „Wer hoch fliegt, fällt um so tiefer" oder „Wer nicht hören will, muss fühlen." Der Film wird Ihnen Kraft geben, Sie motivieren, um niemals aufzugeben.

Reisen

Reisen bildet und öffnet gigantische Möglichkeiten. Wer sich auf Reisen begibt, hat viel zu berichten. Er ist inspiriert und dadurch beseelt. Neue Impulse, neue Bilder, Gefühle, Eindrücke strömen auf den Reisenden ein. Ihr Horizont erweitert sich ungemein und Sie kommen dadurch in andere Bereiche hinein. Glücklich kann der sich nennen, dessen Eltern viel unterwegs waren. Dessen Horizont hat sich früh geöffnet. Andere Menschen, andere Kulturen sind eine Wohltat für Körper, Geist und Seele. Endlich einmal über den eigenen Tellerrand zu schauen, ist elementar.

Wann immer es geht, planen Sie Reisen. Es muss nicht die große Weltreise sein. Oft sind es gerade die kleinen Trips, welche ungemein inspirieren. Es ist sowieso sinnvoller, das Jahr in kleine Häppchen zu unterteilen. Dadurch freut man sich von einem Monat auf den nächsten. Wenn ich mir da manche anschaue, diese kommen von einem mehrwöchigen Urlaub mit folgender Aussage „Es war wunderschön, ich darf aber nicht daran denken, dass es wieder fast ein Jahr dauert, bis zum nächsten Urlaub."

Planen Sie es so ein, dass Sie sich alle vier bis sechs Wochen einen kleinen Wochenendtrip gönnen. Hier höre ich häufig, das kann ich mir nicht leisten. Darauf kann ich nur sagen, bewege dich endlich, tue etwas, dass du aus dieser Situation heraus kommst. Im Übrigen müssen solche Reisen ja kein Vermögen kosten. Es gibt auch sehr günstige Unterkünfte. Packen Sie es an und ich kann Ihnen eines versichern, Ihre Vorstellungskraft wird sich schlagartig um ein Vielfaches erhöhen.

Lesen

Ich muss lachen, wie viele beim Thema „Lesen“ die Nase rümpfen. Als wäre das nicht mehr zeitgemäß. Lesen ist genial und bildet ungemein. Und in dem Wort „bildet“ ist klar das Wort Bild enthalten. Wer sich mit dem eigenen Unterbewusstsein auskennt weiß, dass alles in Bildern abgespeichert wird. Je mehr Bilder Sie abspeichern, desto reicher sind Sie und Ihr Leben. Das ist doch phänomenal, sich das zunutze zu machen. Da gibt es aber einige die tatsächlich behaupten, keine Zeit zum Lesen zu haben. Was ist denn das für eine Aussage? Wie kann man so etwas behaupten? Jeder hat genug Zeit, jeden Tag erhält man 24 Stunden geschenkt. Frage ist, wie man mit seiner Zeit umgeht, was man daraus macht.

Fangen Sie wieder an zu lesen. Ich bin erstaunt, wenn ich auf Reisen bin, wie wenig Menschen lesen. Genauso auch beim Warten, es gibt häufig Wartezeiten. Anstatt sich die Beine in den Bauch zu stehen, haben Sie einfach immer etwas zum Lesen dabei. Das tut Ihnen gut und wirkt inspirierend. Wenn Sie dann auch noch einen Bleistift zur Hand haben und die für Sie wichtigen Passagen festhalten, schaffen Sie sich eine neue Dimension.

Internet

Das ist das Verrückteste, was es gibt. Es ist genial und zugleich der größte Zeitdieb aller Zeiten. Nichts vernichtet mehr Zeit, als das Internet. Sie können sich im Netz völlig verlieren. Es gibt viele Möglichkeiten und Variationen. Hier ist es unabdingbar, dass Sie genau wissen, was Sie tun und sich einen Zeitrahmen vorgeben. Sonst wird das Medium für Sie zum Zeitgrab par excellence. Am besten hat sich bewährt, Sie gönnen sich täglich einen Zeitblock von 30 bis 60 Minuten. In dieser Zeit können Sie wild drauflos surfen. Es gibt für Sie keine Grenzen und Limits. Alles ist offen und das sollten Sie für sich nutzen. Das Endergebnis ist eine schriftliche Zusammenfassung und festhalten der Inputs.

Vorträge

Besuchen Sie Vorträge Ihrer Wahl. Es gibt 1.000-ende von Vorträgen, die jeden Tag live (oder auch als Webinar oder z. B. bei Youtube) zur Verfügung stehen. Besuchen Sie öfters Vorträge und es werden neue Türen aufgehen. Wenn Sie aus jedem Vortrag nur eine einzige Geschichte für sich herausnehmen und diese umsetzen, sind Sie besser, als die meisten Menschen es jemals in ihrem Leben sein werden. Auch hier zählt natürlich die Regelmäßigkeit. Wenn ich von manchen höre, dass sie einmal im Jahr auf einem Vortrag waren, ist das minimal. Minimalismus hat stets zur Folge, dass es Minimalismus nach sich zieht. Es ist klüger, Sie verschreiben sich ab sofort dem Maximalismus.

Machen wir eine kleine Rechnung auf, was übrigens alle Erfolgreichen tun. Sie gehen in die Schriftlichkeit und sind am Rechnen. Wir gehen davon aus, dass Sie einmal in der Woche einen Vortrag besuchen. Das sind bis Ende Jahr 52 Vorträge, die Sie gehört haben. Wenn Sie aus jedem Vortrag eine einzige Erkenntnis mitnehmen, sind es 52 neue Erkenntnisse, die Sie in Ihrem Leben weiterbringen. Erfolgreiche rechnen auch immer auf 10 Jahre hoch.

Das bedeutet, Sie haben sage und schreibe 520 neue Erkenntnisse in Ihrem Leben implementiert. Wissen Sie, wie genial das ist? Wie großartig und wie weit Sie sich von dem Platz, auf dem Sie sich heute befinden, in Richtung Erfolg entfernen. Das Ganze nützt aber nur dann etwas, wenn Sie auch anfangen. Wann? Heute noch! Legen Sie bitte das Buch kurz zur Seite und suchen Sie sich einen Vortrag in Ihrer Nähe aus. Auch wenn Sie womöglich denken, das mache ich später. Sie kennen es doch bereits, Verschieberitis eine schlimme und furchtbare Krankheit.

Seminare
Seminare, welch ein großartiger Traum und eine Inspiration sich da für Sie auftut. Kennen Sie die berühmteste aller Aussagen

„Seminare, Seminare von der Wiege bis zur Bahre!"

Ist das nicht wundervoll? Ich finde es gigantisch, mich hat jedes Seminar in meinem Leben weitergebracht. Natürlich habe ich ab und zu auch einen Fehlgriff getan. Da fand ich mich auf einem Seminar sitzend, wo mir der Seminarleiter nicht lag oder das Thema nicht an mich ging. Dann sollten Sie die Größe haben und gehen. Wieso sollte ich meine kostbare Lebenszeit verbraten, in dem ich mich dem weiterhin aussetze. Es gibt sogenannte passive Seminare, wo Sie nur dasitzen und zuhören. Dann gibt es die Aktiven, bis hin zu den Power-Seminaren, wo Sie hundertprozentig gefordert sind. Ich bevorzuge in erster Linie die Letzteren. Derart sind auch alle meine Seminare aufgebaut.

Zuhören ist nett, etwas zu sehen, verstärkt die Geschichte. Wenn das aktive Mitmachen dazu kommt, man buchstäblich gefordert ist, bei der Sache zu sein, mitzudenken, zu schreiben, schafft das völlig neue Dimensionen. Da kann ich Ihnen eines meiner Seminare, das Powertraining „Fange endlich an zu leben" ans Herz legen. Das müssen Sie besucht haben. Es ist ein Einstieg in eine neue Dimension. Nähere Infos und interessante Teilnehmerberichte finden Sie auf unseren Webseiten.

Erfolgscoaching
Das ist der Königsweg und durch nichts zu ersetzen. Einen persönlichen Erfolgscoach zu haben, bringt am meisten. Vorausgesetzt, Ihr Erfolgscoach ist selbst erfolgreich und weiß, wovon er spricht, sonst nützt es nichts. Denn es gibt leider viele Menschen, die auf den Zug Coaching aufgesprungen sind und das große Geld wittern. Diese führen Sie nicht zum Erfolg. Sie benötigen einen erfolgreichen Praktiker, der mitten im Leben steht, mit Voll-

gas unterwegs ist, viel bewegt hat und noch bewegen wird. Fordern und fördern, das ist das größte Thema beim Erfolgscoaching. Speziell auf Sie abgestimmt, bringt es Sie schneller weiter. Man nennt das auch den Turbobeschleuniger, da passiert richtig viel.

Es gibt drei Formen des Erfolgscoachings, Standard, Business und Luxury. Standard heißt einmal im Monat. Business einmal die Woche und Luxury täglich. Das Erfolgscoaching ist aufgeteilt in persönlichem Coaching, das heißt vis-à-vis und per Telefon. Dadurch kann per Telefon, von der ganzen Welt aus ohne Probleme gecoacht werden. Das tägliche Erfolgscoaching bringt natürlich am allermeisten Erfolg, weil Sie hundertprozentig am Ball sind. So kann Tag für Tag jeder Fortschritt sofort analysiert und die Verbesserungen eingebaut werden, welche erneut am nächsten Tag zur Kontrolle gelangen. Eine spannende Aufgabe zu sehen, wie schnell es dadurch geht, man seinen großen Zielen näher kommt. Für viele stellt sich meist die Frage „Was kostet es, das kann ich mir nicht leisten!" Vielmehr müsste es heißen

„Ich kann es mir nicht leisten, es mir nicht zu leisten!"

Es geht um Ihren höchstpersönlichen Erfolg, ausschließlich um Sie. Durch das Erfolgscoaching gelangen Sie in eine andere Dimension hinein und eine der wichtigsten Maxime ist, dass sich das Erfolgscoaching aus dem Erfolg durch das Coaching heraus finanziert. Gehen Sie auf dem Weg der positiven Erfolgsspirale. Dadurch erreichen Sie eine große Bereicherung.

Weitere Inspirationen

Das war ein kurzer Einblick. Es gibt noch weitere Formen. Letztlich und zusammenfassend, bei allem was Sie tun, haben Sie die Chance daraus zu lernen. Schreiben Sie es sich auf die Lebensfahne, bis an Ihr Lebensende zu lernen. Ich wünsche Ihnen dabei viel Erfolg und Lebensfreude.

Nr. 5: Keine Entscheidungskraft

Kennen Sie das? „Soll ich oder soll ich nicht?“ Dieses Hin und Her, und am besten gleich so lange hin und her überlegen, bis es zu spät ist, es sich erübrigt, bis „das Leben“ entschieden hat. Das ist destruktiv, wirkt auf das gesamte Leben zerstörend. Jegliche Veränderung und Fortschritt wird im Keime erstickt. Kann es das sein? Nein, bestimmt nicht, nie wieder dürfen Sie das für Ihr Leben zulassen. Wehren Sie sich mit aller Vehemenz dagegen, schieben Sie es in weite Ferne. Niemals darf die fehlende Entscheidungskraft Sie in Ihrer Weiterentwicklung hindern.

Alle Gewinner auf dieser Erde sind entscheidungsfreudig

Zu welchen Menschen gehören Sie? Vielleicht finden Sie diese Frage gemein. Das ist nicht schlimm, dann hat es getroffen und das ist gut so. Wenn es noch mitten ins Herz getroffen hat, um so besser. Denn nur wenn es schmerzt, besteht die Chance auf Veränderung, sonst bleibt alles beim Alten.

Der Mensch hat zwei Möglichkeiten zu lernen

Es gibt nur zwei Parameter, nach denen der Mensch sein Leben ausrichtet. In erster Linie möchte er Freude und Spaß haben. Auf der anderen Seite ist Frust- und Schmerzvermeidung angesagt. Dem unterstellt er alles und der Preis, welchen er dafür bezahlen muss, ist oft sehr hoch. Wie viel leichter ist es doch freiwillig zu lernen, und nicht auf den Schmerz zu warten. Schmerz ist vernichtend und zerstörend.

Angst, eine falsche Entscheidung zu treffen

Vor lauter Angst und Unsicherheit, wird lieber keine Entscheidung getroffen. Das ist fatal und äußerst töricht so durchs Leben zu gehen. Woher kommt die Unsicherheit und die daraus resultierende Angst? Aus dem Nicht-Wissen, was man genau möchte und was nie wieder. Die wenigsten Menschen machen sich darüber Gedanken. Es wird wohl ab und zu gesagt „Langsam aber sicher habe ich die Nase voll. Das mache ich nicht länger mit!" Jedoch richtig etwas daran ändern, da wird es schwierig. Dadurch bleibt es bei einer reinen Farce. Von wegen man müsste, man sollte und das war es dann.

Wer nicht weiß wohin, wird immer in der Ungewissheit sein

Wissen Sie, wie brutal diese Situation ist? Das ist das Schlimmste, was einem passieren kann. Es ist in der Tat grausam und zerstörend. Wir alle haben eine Lebensaufgabe erhalten. Es gibt einen höheren Sinn, dass wir auf Erden weilen. Klar könnten wir das auf die Situation, der geschlechtlichen Vereinigung unserer Eltern reduzieren. Tja, und dann ist es halt eben passiert, das ist aber zu flach. Jeder Mensch hat eine große Lebensaufgabe in sich. Aber die wenigsten finden diese. In dem Moment, wo Sie die Aufgabe gefunden haben, geht es Ihnen besser und Sie werden zu einem der entscheidungsfreudigsten Menschen auf der Erde.

Schauen wir uns Ihre Lebensaufgaben an

Wieso sind Sie auf Erden? Auf diese Fragen höre ich oft „Wenn ich das wüsste?" Nun denn, wenn Sie es nicht wissen, wer soll es dann wissen? Ihre Mutter? Ihr Vater, Ihr Lebenspartner, Ihre Lehrer, Ihre Freunde? Sie sind der Einzige, der es weiß. Es gilt für Sie den wertvollen Schatz zu heben und ihn ans Tageslicht zu fördern, dort wo er hingehört. Schreiben Sie auf, was Sie für Lebensaufgaben haben. Es ist spannend, sich mit dieser Materie zu befassen, bringt Inspiration und Impulse für Sie. Nicht lange überlegen, denn wer anfängt zu denken, verliert im Vorfeld. Wenn Sie anfangen zu denken, wacht sofort Ihr berühmter innerer Schweinehund auf und mischt mit. Er wird Sie mit Einwänden sabotieren, meistens gelingt ihm das. Beantworten Sie also zügig die Frage und auch, wieso das so ist und seit wann Sie es in sich spüren.

Oftmals weiß und spürt man das „eigentlich" schon lange, ist aber nicht bereit, den Schatz zu heben und zum Erfolg zu gelangen.

	Meine Lebensaufgaben?	**Wieso?**	**Seit wann?**
1.)	________________	________________	________________
2.)	________________	________________	________________
3.)	________________	________________	________________
4.)	________________	________________	________________
5.)	________________	________________	________________
6.)	________________	________________	________________
7.)	________________	________________	________________
8.)	________________	________________	________________
9.)	________________	________________	________________
10.)	________________	________________	________________

War das Thema einfach oder eher komplex? Es ist der Schlüssel zu Ihrem gesamten Leben. Wenn Sie ihn in der Hand halten, gelingen die Dinge. Wie viele Punkte haben Sie aufgeschrieben? Bei dieser Aufgabe erlebe ich auf den Seminaren und Erfolgscoachings häufig, dass sich die Teilnehmer schwer tun. Leider wurde bei fast allen Menschen versäumt, frühzeitig darauf zu achten, was einem wirklich wichtig ist und was nicht. Darauf hinzuarbeiten, wofür man in seinem Leben steht, stehen möchte. Es ist das Spannendste, was man erreichen kann, sich selbst zu finden, die Krönung unseres Daseins. Im Grunde genommen ist unser System von einer gewissen Fatalität gekennzeichnet. In jungen Jahren, zwischen 15 und 16 soll man sich fürs Leben entscheiden. Wie krass ist denn das? Aufbauend auf was? Wo ist da die Lebenserfahrung, um solche gravierenden Entscheidungen zu treffen? Klar, die Eltern sind da, Berufsberater stehen bereit und so wird versucht, den passenden, den „richtigen" Beruf zu finden.

Leider oft ein lauwarmer Weg, schlimmstenfalls ein Irrweg. Zu erkennen an Unwohlsein, Unzufriedenheit, Störungen im emotionalen oder im körperlichen Bereich. Krankheiten, Verspannungen, Schmerzen, können auf falsch eingeschlagene Lebensbahnen (deren Verlassen man aber fürchtet) hinweisen. Früher hieß es, es ist wichtig etwas Vernünftiges zu lernen, und ein Leben lang auszuüben. Das ist zum guten Glück endgültig vorbei. Es gibt viele Möglichkeiten und im heutigen Zeitalter von Internet und Flexibilität haben sich neue Wege aufgetan. Wir können jederzeit die Richtung ändern, neue Wege ausprobieren und gehen.

Jetzt geht es weiter mit Ihrer Arbeit, reduzieren Sie das Ganze, auf die drei für Sie dringlichsten Punkte. Kommen Sie bitte zu einer schnellen Entscheidung. Sie können später noch daran herumfeilen. Das ist genau das Thema, der Entscheidungen.

Meine Lebensaufgaben?	**Wieso?**	**Seit wann?**
1.) ______________________	________________	________________
2.) ______________________	________________	________________
3.) ______________________	________________	________________

Wichtig ist bei all diesen Aufgaben, bitte nicht nach richtig und falsch zu schauen. Das steht überhaupt nicht zur Debatte, ist ganz egal. Wichtig ist eines, dass Sie die ersten Points zu Papier bringen. Darauf lässt sich wunderbar aufbauen. Jetzt nehmen Sie aus den drei Fakten, den für Sie wichtigsten Punkt heraus und notieren ihn sofort.

Meine Lebensaufgaben? **Wieso?** **Seit wann?**

1.) ______________________ ________________ ________________

Ihre Hauptlebensaufgabe steht fest. Ist das nicht wundervoll und super? Damit können Sie jetzt arbeiten. Sollten Sie unsicher sein, kann ich Ihnen eines empfehlen, fangen Sie einfach an. Im „Machen und Tun" wird sich Neues ergeben. Sie kommen von einem Schritt zum anderen, in neue Bereiche hinein, von denen Sie nie gewagt haben zu träumen.

Ihr Fazit: ____

Führt mich das zu meinem Ziel, oder von meinem Ziel weg

Das wird ab sofort Ihre dringlichste Frage sein. Bevor Sie in Zukunft überhaupt irgendetwas tun, sich in Bewegung setzen, fragen Sie sich

**„Führt mich das zu meinem Ziel,
oder von meinem Ziel weg?"**

Alles, was Sie zu Ihrem Ziel führt, tun Sie selbstverständlich und sofort. Alles, was Sie von Ihrem Ziel wegführt, lassen Sie. Es ist der einzige Garant, dass Sie richtig liegen und viel bewegen. Es ist Ihre sogenannte Lebensversicherung, dass Sie ankommen, sich auf Ihrem Lebensweg nicht verlieren oder total verzetteln.

Just do it ist die Devise

Es steht nirgendwo geschrieben, dass Sie warten sollen. Das Leben ist Entwicklung, um jeden Preis. Betrachten wir uns die großartige

Natur, hier läuft genau das gleiche Spiel ab. Die Natur entwickelt sich permanent weiter. Sie hält niemals inne und was nicht mehr wächst, stirbt. So einfach ist die Gesetzmäßigkeit, deswegen nutzen Sie die Kräfte der Natur. In dem Moment, wo Sie sich endlich leben, liegen Sie goldrichtig. Sie gewinnen dadurch unendliche Energie und die berühmte Lebensfreude, von dieser kann man nie genug haben.

"Wer will findet Wege, wer nicht will findet Gründe!"

Maßnahme Nr. 5: Entscheidungskraft formen

Es gilt wie bei allen Gegenmaßnahmen, nicht das „Stehen bleiben" zu akzeptieren oder womöglich daran zu verzweifeln. Das Schlimmste wäre, sogar am eigenen Leben zu zerbrechen. Das finden wir oft und das ist grausam. Also wollen wir uns auch massiv dagegen stemmen und unseren Entscheidungsmuskel derart trainieren, dass er buchstäblich zur Höchstform aufläuft.

KvP, der berühmte kontinuierliche Verbesserungs-Prozess

Dieser kommt überall im Leben zum Tragen. Was gut ist, daraus machen wir ein „sehr gut." Aus einem „sehr gut" ein "herausragend." Wenn wir dann auch noch das Negative verwandeln, hier machen wir aus einem „miserabel" ein „gut" und dann gliedern wir uns wieder in die Erfolgsspirale ein. Das ist spannend und Sie können bald nicht mehr darauf verzichten. Sie wollen mehr davon haben und in diesem Moment haben Sie es gepackt.

Wie fangen Sie an zu üben

Ein wenig Unsicherheit und Unbehagen sei Ihnen zugestanden, das ist in Ordnung. Aber wir müssen eben mit den verschiedenen Übungen anfangen. Sie kennen es sicherlich, wer nicht übt, entwickelt sich nicht weiter, verliert sogar Boden. Möchten Sie verlieren? Nie und nimmer, Sie sind ein Gewinner, schreiben Sie sich das auf die Fahnenstange. Sie sind ein großer Gewinner und danach leben Sie. Nachfolgend die ersten kleinen Übungen für Ihren Alltag. Mögen diese für Sie banal erscheinen, es ist der Weg. Kein Mensch fängt mit großen Dingen an, sondern startet mit kleinen, groß werden Sie von selbst.

- Entscheidung, was läuft am Wochenende
- Entscheidung, was gekocht wird
- Entscheidung, welcher Film angeschaut wird
- Entscheidung, was im Lokal gegessen wird
- Entscheidung, mit wem man weggeht
- Entscheidung, welches Buch man liest
- Entscheidung, wo die Urlaubsreise hingeht

Entscheidung, was läuft am Wochenende
Welches Drama sich hier abspielt. Was machen wir, wird in die Runde gefragt? Eine der meisten Antworten „Schauen wir mal!" Genau das machen wir ab sofort nie wieder. Wir schauen nicht mehr, diese doofen Übungen und dann noch das Wetter ins Spiel zu führen. Nein, und nochmals nein, wir entscheiden uns schnell und sofort. Fällen bewusst eine Entscheidung, diese kann natürlich auch lauten, wir machen „nichts" am Wochenende. Aber es muss mindestens am Montagabend feststehen. Machen Sie sich da unabhängig von anderen Menschen. Sie treffen die Entscheidung und damit ist es gut.

Entscheidung, was gekocht wird
Kennen Sie dieses Drama? Bestimmt! Selbst da wird kostbare Lebenszeit im wahrsten Sinne des Wortes verbraten, weil man nicht weiß, was gekocht werden soll. Legen Sie sich fest, machen Sie einen klaren Wochenplan, kaufen entsprechend ein und schon kommen Sie endlich von der Zufallsentscheidung weg. Denn Sie wissen doch selbst, wie die oft ausfällt? Es wird meistens das Gleiche gekocht. Dabei gibt es wunderschöne Mahlzeiten, aus aller Herren Länder. Verlassen Sie die alten Trampelpfade.

Entscheidung, welcher Film angeschaut wird
Welch schwere Entscheidung sich da abzeichnet. Wissen Sie was, es wird nicht besser. Immer mehr TV-Programme und sonstige Möglichkeiten, sich Filme via Internet zu laden oder online anzu-

sehen. Nach was entscheiden Sie in Zukunft? Einfach nach dem Prinzip, was Sie wollen und was Sie unter Umständen weiter bringt. Es muss einen Sinn geben und nicht nur Filme schauen, weil sie halt gerade laufen oder man womöglich mitreden kann. Auf diese Zeitvernichtungsnummer können Sie verzichten.

Entscheidung, was im Lokal gegessen wird

Das finde ich witzig, Leute welche stundenlang die Speisekarte studieren und schlussendlich doch das falsche Gericht wählen. Seien Sie ab sofort schnell unterwegs, kurze Überprüfung auf was Sie Lust haben und los geht es. Und bei diesem Thema, entscheiden Sie sich öfter mal für das Unbekannte, erweitern Sie Ihren Horizont auch auf diesem Gebiet.

Entscheidung, mit wem man weggeht

Das ist schwer, vor allem wenn man Tausende von Menschen seine Freunde nennt. Dann die nächste Frage, wo man hingeht. Sollten Sie auf dem Land leben, gibt es nicht so viele Möglichkeiten, wie in der Stadt. Dennoch ist es erstaunlich, dass sich die meisten ausschließlich in ihrem angestammten und gewohnten Umfeld bewegen. Beschreiten Sie neue Wege. Machen Sie im Voraus eine Monatsplanung und auch für die wichtigen Events eine Jahresplanung. Viele Veranstaltungen werden rechtzeitig beworben. Ihr Leben gewinnt dadurch eine neue Lebensqualität.

Entscheidung, welches Buch man liest

Ich beobachte gerne die Leute in einer Bahnhofsbuchhandlung, das ist interessant. Wie viele Bücher da in die Hand genommen werden und die Menschen permanent abwägen, soll ich oder soll ich nicht. Was können Sie groß falsch machen? Wenn Ihnen ein Buch nicht gefällt, verschenken Sie es und holen sich das nächste.

Entscheidung, wo die Urlaubsreise hingeht

Es gibt Tausende von Destinationen, kommen Sie schnell auf den

Punkt. Das Leben ist zu wertvoll und die Welt unendlich schön, um sich im Kreise zu drehen und womöglich Jahrzehnte an den gleichen Ort zu fahren. Wagen Sie das Experiment und seien Sie dabei innovativ.

Jetzt haben Sie ein paar Varianten gesehen

Natürlich gibt es da noch weitere. Egal, welche Entscheidungen in Zukunft anstehen, seien Sie irrsinnig schnell unterwegs. Fällen Sie innerhalb von wenigen Sekunden eine Entscheidung und Ihr Leben gewinnt dadurch eine neue Dimension. Wenn Sie es bei kleinen Dingen schaffen, dann auch sicherlich bei großen. Und Sie werden verblüfft sein, wie viel Zeit und Klarheit Sie gewinnen.

Werden Sie zu einem Macher

Wie es das Wort sagt, Sie sind ein Macher und kein Unterlasser. Ist das nicht wundervoll? Von der Idee sofort zur Tat, welch eine Chance für Sie, Ihrem Leben eine neue Dimension zu geben. Nie wieder der Wartende und Unsichere, sondern Sie reifen zu einer starken und großen Persönlichkeit heran. Das ist absolut phänomenal und Sie werden rückblickend nicht verstehen können, dass Sie schwachstrommäßig unterwegs waren.

Nr. 6: Keine oder zu viel Planung

Das ist der Hammer, beides ist gleich schlimm und furchtbar. Die meisten Menschen machen sich ohne Planung auf den Weg und die andere Gruppe plant sich zu Tode, kommt letztlich nie in die Pötte. Beides sind Erfolgsverhinderer hoch zwei.

Zu wenig Planung

Ich muss exakt wissen, was ich tue und was nicht, mir dabei stets über die daraus wachsenden Konsequenzen im Klaren sein. Sind diese positiver oder womöglich sogar negativer Natur. Nachfolgend ein paar Beispiele für Sie.

- Ihre Bergbegehung
- Ihre Autofahrt
- Ihr Sex
- Ihre Berufswahl und -ausübung
- Ihre Partnerwahl
- Ihr Wohnort
- Ihre Freunde
- Ihr Auto

Ihre Bergbegehung

Ich darf es oft in meiner Schweizer Heimat St. Moritz erleben, was geschieht, wenn man sich ohne Planung und Vorbereitung auf den Weg in die Berge macht. Zum Glück gibt es die schweizerische Rettungsflugwacht Rega, die holen jeden vom Berg. Außer jene, welche gleich in einer Gletscherspalte verschwinden oder sonst irgendwo sich spurlos verabschieden. Wenn das nicht der Fall ist, werden die Rettungsflieger respektive die Entscheidung fällen, ob Sie in einem Sack eingepackt werden oder nicht. Da müssen Sie sich keine Sorgen mehr machen, diese sind Ihnen abgenommen worden. Es liegt dann an Ihren Nächsten, wo und wie man Sie unter die Erde bringt. Dürfen Sie im Hubschrauber mitfliegen, wird Ihnen die Entscheidung vom Rettungsarzt abgenommen, ob Sie in Samedan im Krankenhaus eingewiesen werden. Sollte es so sein, werden Sie oft gefragt, ob es auch die Privatklinik Dr. Gut in St. Moritz sein darf.

Wenn es schlimmer ist, fliegt man Sie nach Chur ins Kantonsspital. Das hat etwas, denn Sie dürfen etwas länger fliegen. Wenn der Rettungsarzt entscheidet, dass man nach Zürich in die Uniklinik oder noch ein wenig weiter ins Paraplegikerzentrum fliegt, dann ist es aber überhaupt nicht mehr lustig.

Ihre Autofahrt

Sie fahren mit dem Auto in den Urlaub oder zu einem Termin. Sie haben die Route, die Fahrzeit nicht berechnet. Auf der Autobahn geht Ihnen das Benzin aus. Die Polizei kommt und Sie erhalten eine Buße. Wenn Sie den ADAC anrufen, bezahlen Sie auch dafür, trotz Mitgliedschaft, weil es ein grobfahrlässiger Fehler Ihrerseits ist. Welch unangenehme Situationen da entstehen. Oder Sie haben vergessen, die Inspektion einzuplanen. Das ist genauso fatal, womöglich funktioniert etwas nicht. Schlimmstenfalls haben Sie abgefahrene Reifen oder die Bremse ist defekt. Alles vermeidbarer Ärger, vorher zu planen spart da viel Zeit und Nerven.

Ihr Sex

Sex ist gut, Sex ist schön, Sex macht Spaß und Sex ist gefährlich. Nun denn, das Ziel ist mit einem Partner im Bett zu landen. Das ist per se völlig in Ordnung. Ein wenig Planung gehört auch dazu. Denn manche Unwägbarkeiten mögen da warten. Natürlich hat man davon schon gehört, diese Dinge geschehen aber nur den anderen und einen selbst wird es schon nicht treffen. Ich bin erstaunt, wenn plötzlich jemand schwanger ist und auf die Frage, wie ist das passiert, die Antwort kommt „Das weiß ich nicht!" Gegenfrage „Es war aber schon klar, dass wenn man Geschlechtsverkehr hat, es eventuell zu einer Schwangerschaft kommt?" „Ja, ich dachte aber, mir passiert nichts!" Schnell erwachsen da aus der Verantwortungslosigkeit Konsequenzen, denn für ein Kind trägt man ein Leben lang die Verantwortung.

Oder Sie fangen sich eine der vielen Geschlechtskrankheiten ein, schlimmstenfalls sogar Aids. Wie sagte mir jüngst jemand „Ach, das ist doch alles nicht so tragisch, dafür gibt es jede Menge Medikamente und Spaß muss doch sein!" Nun denn, auch hier wie überall, Sie bezahlen immer einen Preis. Frage ist nur, wie hoch ist dieser. Wie viel besser ist es doch, sich vorzubereiten, nicht blind zu hoffen und zu glauben. Achtsam sich selbst gegenüber zu sein, ist ein Segen und erspart einem so manchen Verdruss und manches Elend.

Ihre Berufswahl und -ausübung

Welch eine Welt sich da auftut, es ist immens, wie groß die Berufswelt ist. Leider wird sich oft im Vorfeld zu wenig Gedanken gemacht. Man lernt einen Beruf und hofft, darin sein Auskommen zu finden. Einen Beruf zu haben, sollte jedoch stets auch Berufung mit sich bringen. Nicht zur Last werden, nach dem Prinzip von „Irgendwas muss ich ja wegen der Kohle arbeiten!" Das ist die schlechteste Ausgangsbasis, macht keine Freude. Wichtig ist genauestens hinzuschauen und sich in den Beruf vorher einzuleben. Klar, konkret, messbar und unmissverständlich zu überprüfen, was es bedeutet. Welches sind die Sonnenseiten und welches die Schattenseiten? Auch die Berufsmedaille hat zwei Seiten.

Ihre Partnerwahl

Das ist das nächste heiße Thema. Bei der Partnerwahl scheint oft der Verstand ausgeschaltet zu sein. Bei näherem Betrachten und Hinterfragen, kommt meist zur Antwort „Da, wo die Liebe hinfällt!" Was ist denn das für eine seltsame Aussage. Wie viel Elend sich durch die falsche Wahl ergibt, davon können unzählige Menschen ein Lied singen. Das kenne ich auch zur Genüge, wie froh wäre ich im Nachhinein gewesen, genauer hingeschaut zu haben. Aber wenn das Kind in den Brunnen gefallen ist, gibt es erst mal kein Entrinnen mehr. Die Geschichte der unzähligen Scheidungen spricht eine deutliche Sprache. Erst recht, wenn Kinder mit im Spiel sind. Wie viel Schaden die Eltern verursachen, wenn sie Streit und Unglück auf dem Rücken der Kinder austragen, das ist unglaublich und unfassbar. Das Problem dabei ist, dass man in der Regel erst im Nachhinein klüger ist.

Im Vorfeld glaubt man allen Äußerungen, vorsichtig zu sein keinesfalls. Man bewegt sich in dem Glauben, dass hier alles anders ist und die Liebe alles überleben wird. Dazu habe ich aus meiner eigenen Erfahrung und von Tausenden Partnerschaftscoachings, ein passendes Buch mit dem Titel geschrieben „Ein Millionär als Traumpartner!" Darin beschreibe ich jeden Schritt, der zu gehen ist. Genaue Zielsetzung bis hin zur Planung, dass alles klappt. Es sind zu viele Parameter, die es zu beachten gilt. Die wichtigste Frage, tut mir die Beziehung gut, fördert sie mich/uns in der Weiterentwicklung, oder bremst, belastet sie?

Ihr Wohnort

Hauptsache eine Bleibe, das ist eine Variante. Aber was geschieht, wenn Sie die Falsche aussuchen? Dann fühlen Sie sich nicht wohl, es geht Ihnen nicht gut, die Situation macht Sie womöglich sogar krank. Darüber gilt es sich im Vorfeld Gedanken zu machen, was man wirklich möchte. Ist man eher ein Stadtkind oder ein Landkind? Möchte man mitten drin wohnen und hat womöglich Tag und Nacht den Verkehrslärm. Vielleicht liegt man in einer Einflugschneise eines der großen Airports, als Fliegerliebhaber kein Problem. Vielleicht donnert bei Ihnen auch der Zug vorbei. Womöglich noch Tag und Nacht Güterzüge. Oder Sie leben in der Einsamkeit am Waldesrand, obwohl Sie sich davor fürchten. Vielleicht feiern Ihre Nachbarn gerne Partys mit lauter Musik und nächtlichem Türenschlagen. Oder Sie haben Nachbarn, die zu den Spannern gehören oder Unruhestiftern. Vielleicht haben Sie ein großes Haus oder eine Villa, hassen aber zu putzen, oder den Rasen zu mähen. Selbst wenn Sie Personal dafür haben, alles instand zu halten, geht das vielleicht zulasten der Privatsphäre?Vielleicht würden Sie sich in einer kuscheligen Dachwohnung glücklicher fühlen. Wehe, wenn Sie die falsche Wahl getroffen haben. Sie werden keine Ruhe finden. Darum nicht nach dem Prinzip handeln, Hauptsache eine Wohnung/Haus, das ist zu flach.

Ihre Freunde
Ich bin erstaunt, wie sich viele über die Freunde aufregen, anstatt die Konsequenz zu ziehen und zu gehen. Man lässt es lieber beim Alten und schimpft. Ich brauche keine Hunderte von Freunden. Ein paar reichen vollkommen aus. Hier heißt es mit offenen Augen durch die Welt zu gehen und genau hinzuschauen, was man will. Denn auch da gilt, fördert oder bremst die Freundschaft.

Ihr Auto
Das ist egal, Hauptsache ein Auto. Auch beim Auto lohnt es sich etwas Lebenszeit zu investieren, damit Sie das Auto fahren, welches Ihnen liegt und gefällt. Denn ein Sportwagen ist nun einmal kein Geländewagen oder eine Limousine. Wenn Sie von einem größeren Auto träumen, müssen Sie aber ein wenig mehr tun.

Viele weitere Beispiele

Ich könnte Ihnen noch unzählige Beispiele aufführen. Das würde aber den Rahmen dieses Buch sprengen. Für mich war es wichtig, Ihnen anhand der Beispiele ein paar Anhaltspunkte zu geben. Fazit des Ganzen ist, passen Sie gut auf sich und Ihre Entscheidungen auf, denn jede hat Auswirkungen. Sehen Sie es als das Prinzip von Aussaat und Ernte. Sie werden nur das ernten, was Sie vorher gesät haben.

Wo und bei was haben Sie diese Erfahrungen bereits gesammelt

Auch hier nützt es nichts, wenn Sie es nur lesen und das eine oder andere bejahen können. Dringlicher ist es, dass Sie tief in die Thematik einsteigen und schriftlich festhalten, wo hatten Sie dieses Phänomen? Wo hätten Sie besser intensiver geplant und was ist daraus entstanden, weil Sie es nicht getan haben? Denn aus genau dieser, Ihrer Vergangenheit können Sie wunderbar für Ihre Gegenwart, das ist genau der Moment, in dem Sie sich jetzt befinden und für die Zukunft lernen. Schreiben Sie jede einzelne Position auf, wo Sie einmal schlecht oder zu wenig geplant haben.

Es ist spannend, auch wenn Sie jetzt womöglich sagen „Daran möchte ich nicht erinnert werden!" Tun Sie es dennoch, steigen Sie nochmals in das Thema ein. Es hilft Ihnen von jetzt an nach vorne zu blicken, und das Ganze im Griff zu haben. Wieso war das damals so? Wieso haben Sie sich zu wenig mit der Planung beschäftigt? Jede Ursache hat auch eine Wirkung. Diese kann sich unter Umständen recht fatal darstellen.

	Meine schlechte Planung?	**Wieso?**	**Ergebnis?**
1.)	____________	____________	____________
2.)	____________	____________	____________
3.)	____________	____________	____________
4.)	____________	____________	____________
5.)	____________	____________	____________
6.)	____________	____________	____________
7.)	____________	____________	____________

8.) ______________________ ________________ ________________

9.) ______________________ ________________ ________________

10.) ____________________ ________________ ________________

Wie fühlt sich das an? Für mich war es erschreckend zu sehen, wie oft ich derart durch die Welt marschiert bin. Weder nach rechts noch nach links schauend im guten Glauben, dass es hinhauen wird. Was als Ergebnis dabei herauskam, war frustrierend. Was lernen Sie für sich daraus? Reduzieren Sie die Ergebnisse auf Ihre drei schlimmsten, mit den größten Folgen.

Meine schlechte Planung? Wieso? Ergebnis?

1.) ______________________ ________________ ________________

2.) ______________________ ________________ ________________

3.) ______________________ ________________ ________________

Ich erlebe es auf den Schulungen und Erfolgscoachings, dass hier oft die Tränen in die Augen schießen. Denn manches hat man zugedeckt und jetzt kommt es wieder ans Tageslicht. Schlimm dabei ist, dass sich einige Dinge wiederholt haben. Man spricht von den Grundmustern, die in einem drin sind und diese laufen automatisch ab. Das ist sehr bitter. Wie sagt der Volksmund passend

„Dumm sein ist nicht schlimm – aber dumm bleiben!"

Permanent wiederholen sich die Geschichten. Sie kennen sicherlich auch Schicksale wie das einer Freundin, die zum fünften Mal mit einem Alkoholiker verheiratet ist. Auch wenn es schmerzlich ist, an negative Ereignisse erinnert zu werden oder sich zu erinnern, nur das klare Analysieren hilft gegen die Gefahr des Wiederholens. Jetzt reduzieren Sie es auf Ihren krassesten Moment, den Sie jemals in Ihrem Leben erlebt haben.

Meine schlechte Planung? **Wieso?** **Ergebnis?**

1.) ______________________ ________________ ________________

Nun haben Sie es schwarz auf weiß, ist das nicht wunderbar? Sie haben es verstanden, um was es geht, wissen ab sofort, dass eine gewisse Planung dringend von Nöten ist. Aber Vorsicht, bitte nicht zu viel planen, denn man kann die Dinge schnell zerplanen. Da kommt klar die berühmte 0-Std-Regel zum Tragen, doch darüber später mehr.

Ihr Fazit: ____

Zu viel Planung

Das ist die Kehrseite der Medaille. Es gibt Menschen, die kommen nie über die Planungsphase hinaus. Das ist eine Katastrophe und vernichtet im Vorfeld jegliche Chance auf Verwirklichung. Planen, planen und nochmals planen. Dann noch andere Menschen fragen und das Dilemma ist komplett. Nachfolgend die einzelnen Abläufe und ich bin mir sicher, Sie erkennen sich dabei.

- Ihre Idee
- Ihre Begeisterung
- Ihre Planung
- Sie fragen andere
- Ihre Zweifel
- Ihre Angst
- Ihr Aufgeben
- Ihr Trauern
- Ihr Zorn

Ihre Idee
Alles fängt jungfräulich an, Sie haben eine kleine Idee. Zaghaft nähert sich diese Ihnen. Sie betrachten sie von allen Seiten und es gefällt Ihnen zusehends besser und besser. Sie fangen an, sich damit wohlzufühlen.

Ihre Begeisterung
Aus der Idee entsteht langsam aber sicher Begeisterung. Sie finden es super, es inspiriert und beflügelt Sie. Endorphine werden ausgeschüttet und Ihr Energiepegel ist am Wachsen. Sie malen sich alles in den tollsten Farben aus. Sehen sich weit oben, am Zenit angelangt und das Gefühl ist immens. Es lässt Sie von Minute zu Minute größer werden.

Ihre Planung
Sie fangen an zu planen. Am Anfang etwas zaghaft und dann stürzen Sie sich stärker rein. Die berühmte Eigendynamik wächst, Sie planen Tag und Nacht, beamen sich stärker in das Thema rein.

Sie fragen andere
Das ergibt sich automatisch, voller Enthusiasmus und Begeisterung erzählen Sie darüber. Fragen den einen oder anderen, was er davon hält. Erhoffen sich als Reaktion Begeisterung und ernten in der Regel das Gegenteil. Negatives kommt rüber, von wegen „Das würde ich in der heutigen Zeit nicht tun, das Risiko ist zu hoch. Was machst du, wenn es nicht klappt, du bist verrückt. Das wird nie funktionieren, das haben schon andere vor dir versucht!" Man wird dadurch mit der Nase förmlich auf manches gestupst. Ab sofort beginnt der eigene Prozess des negativen Denkens. Die ersten kleinen inneren Bestätigungen treten zutage, es doch zu lassen.

Ihre Zweifel
Zweifel sind gesät und diese sind wie ein lähmendes Nervengift. Schleichend befällt es den gesamten Menschen. Sie sind plötzlich

unsicher, wissen nicht mehr genau, ob das der richtige Weg ist. Sie fangen an alles zu hinterfragen und in dem Moment, wo Ihr Gegenüber merkt, dass Sie eine gewisse Schwäche aufweisen, fängt dieser an, sich an Ihnen zu verlustieren. Denn es ist nach wie vor tief im Menschen verankert, über den anderen herzufallen und ihm einzuheizen, das ist ein beliebter Sport. Ihre Zweifel wachsen und fangen an auf Ihr gesamtes System überzugreifen. Anstatt jetzt zu überlegen, wie Ihre Idee vielleicht mit anderen Aspekten funktionieren kann, sind Sie wie gelähmt, Angst steigt in Ihnen auf und hindert Sie am klaren Denken, wie auch klarem Handeln.

Ihre Angst

Diese Angst, das lähmende Nervengift, ist das Schlimmste, was ein Mensch sein Eigen nennen kann. Sie macht fertig und zerstört jegliche Hoffnung, damit auch jeglichen Vorwärtsdrang. Angst wirkt vernichtend und zerstörend. Übrigens war und ist Angst ein probates Mittel, andere gefügig und kleinzuhalten. An der Angst anderer Menschen sich zu laben, ist für viele ein Traum. Angst führt zu einer massiven Adrenalinausschüttung, das sogenannte Fluchthormon. Aber wohin sollen Sie fliehen? Sie haben keine Chance, dass Einzige was scheinbar bleibt, ist aufzugeben. Doch wovor sind Sie wirklich geflüchtet? Aufgeben aus Angst, bevor man überhaupt begonnen hat, ist die unglücklichere Wahl.

Ihr Aufgeben

Sie wähnen sich sicher, denn Sie haben sich aus der Gefahrenzone herausgenommen. Dadurch kehrt aber noch lange keine Ruhe ein, jetzt kommt erneutes Ungemach auf Sie zu. Die Kritik, der Spott Ihrer Mitmenschen sei Ihnen gewiss. Sie werden in den seltensten Fällen, für diese vermeintliche Heldentat gelobt. Das Gegenteil ist der Fall, Spott und Hohn haftet Ihnen an und wird Sie ab sofort Jahre begleiten. Man wird sich gerne an Ihre Eskapaden erinnern und Ihnen das stets aufs Neue präsentieren. Der Mensch freut sich über solche perfiden Spielchen. Es hilft ihm, die eigene Ohnmächtigkeit und Unfähigkeit besser zu verkraften, in dem man sich über andere lustig macht und sich an deren Absturz erfreut. Nicht nur das, weitere Zweifel tauchen auf, die an Ihnen nagen. Ob das wohl die richtige Entscheidung war, man länger hätte probieren sollen? Ihre Seele ist zu tiefst verletzt, Ihnen geht es nicht gut.

Ihr Trauern

Das ist die letzte Phase, Sie fangen an zu trauern. Es ist nicht schön, den Traum zu Grabe tragen zu müssen. Einzusehen, dass die Hoffnung gestorben ist, es kein Entrinnen gibt. Nach einer längeren Trauerphase, wo Sie kaum von anderen getröstet werden, sondern noch eines drauf bekommen von wegen „Schuster bleib bei deinen Leisten!" Irgendwann taucht Zorn auf, über die Ungerechtigkeit des Lebens.

Ihr Zorn

Zorn dem Leben gegenüber, weil dieses Ihnen gegenüber so ungerecht ist. Sie sehen sich in der Rolle des Opfers. Auf der anderen Seite die Menschen, denen alles gelingt und Sie sind derjenige, dem das Schicksal böse mitspielt. Sie begeben sich in die Rolle des Opfers und fortan verhalten Sie sich dementsprechend. Eine oftmalige Verbitterung baut sich parallel dazu auf. Mit solch einer Grundeinstellung, fügen Sie sich Ihrem Schicksal und trauen sich erst recht nicht mehr einen Neustart zu.

Womöglich finden Sie das ein wenig dramaturgisch

Wissen Sie was, Sie haben aus Ihrer Sicht hundertprozentig recht. Denn es klingt in der Tat wie ein großes Drama, aber ich bin sicher, dass Sie solche Fälle kennen, womöglich sogar in hoffentlich kleinerem Ausmaß selbst erlebt haben. Es gibt jedoch klare Gegenmaßnahmen, die Sie ohne Probleme schaffen. Näheres darüber in dem Kapitel Gegenmaßnahmen.

Wir gehen in die Schriftlichkeit

Wo haben Sie zu viel und zu lange geplant, Zeit verplempert? Wo sind Sie in die beschriebenen Fallen gelaufen? Wo haben Sie aufgegeben? Wie ist es Ihnen ergangen? Was war das Endresultat dieses Verhaltens?

	Meine zu starke Planung?	Wieso?	Ergebnis?
1.)	______	______	______
2.)	______	______	______
3.)	______	______	______
4.)	______	______	______
5.)	______	______	______
6.)	______	______	______
7.)	______	______	______
8.)	______	______	______
9.)	______	______	______
10.)	______	______	______

Sind Sie auf zehn Ergebnisse gekommen? Wie fühlt sich das für Sie an? Nochmals, es ist wichtig, dass Sie bei Ihren Bestrebungen stets Ihr Gefühl mit einbeziehen. Sie und Ihre Gefühle hundertprozentig im Einklang laufen, synchronisiert sind. Dadurch bekommen Sie mehr bewegt und der Erfolg daraus ist ein wesentlich anderer. Nun reduzieren Sie es auf Ihre drei größten Verplanungen.

Meine zu starke Planung? **Wieso?** **Ergebnis?**

1.) ______________ ______________ ______________

2.) ______________ ______________ ______________

3.) ______________ ______________ ______________

Was lernen Sie daraus? Dies ist der wichtigste Faktor bei diesen Übungen, dass Sie die Erkenntnisse erhalten und diese in Ihr Leben implementieren. Des Menschen Bestreben muss die Fort- und Weiterentwicklung sein. Dadurch haben wir die Chance, in unserem Leben weiterzukommen. Eine Aufgabe, die wirklich spannend ist. Ich finde es super, dass Sie sich dieser verschrieben haben. Nun geht es weiter mit Reduktion auf den größten Absturz.

Meine zu starke Planung? **Wieso?** **Ergebnis?**

1.) ______________ ______________ ______________

Können Sie heute darüber lachen oder tut es Ihnen noch weh? Wenn ich da mein Leben anschaue, gibt es ein paar Dinge, die ich nicht so witzig finde. Ich habe daraus gelernt und achte darauf, nie mehr in diese Fallen hinein zu laufen. Auf der anderen Seite bin ich auch zu sehr Mensch und bereits schon wieder mitten drin. Nun denn, das gesamte Leben ist ein immerwährender Prozess der Entwicklung. Wie es das Wort Entwicklung ja schon ausdrückt. Es geht um das Ende der Verwicklung und das ist sehr spannend. Wenn ich wieder in die alten Muster verfalle, nehme ich mich an die Hand, spreche mit mir darüber und weiter geht es.

Ihr Fazit: ______________________________

Maßnahme Nr. 6: Maßvolle Planung lernen

Sie wissen und kennen es bereits, wenn Sie alles beim Alten lassen, war es das, dann tut sich nichts. Im Gegenteil, es wird noch schlimmer und das ist traurig. Also achten Sie darauf, niemals wieder in diese Fallen zu laufen.

Auch hier kommt die Entscheidung zum Tragen

Das heißt, ab dem Moment der Entscheidung es zu tun, auch das Ganze relativ schnell durchzuziehen. Lange Planungen taugen definitiv nichts. Genauso wie ein zu wenig an Planung. Hier ist es erforderlich, dass Sie für sich den berühmten goldenen Mittelweg erarbeiten.

Schnelligkeit ist Trumpf

Es ist wie immer im Leben, die Schnellen fressen die Langsamen, so simpel ist das Spiel. Spannend von der ersten bis zur letzten Minute. Betrachten wir den Sport, da ist Tempo das A und O. Die Schnellen sind die Sieger, welche auf dem Podest stehen. In der Wirtschaft das Gleiche. Innovationen schnell umgesetzt, ist gefragt, alles andere kann man vergessen. Hier gibt es noch weitere Beispiele aus dem täglichen Leben.

- Angebote
- Partnerschaften
- Business

Angebote

Sie haben das sicherlich schon erlebt. Sie sehen etwas im Schaufenster oder im Internet. Finden es irgendwie toll, möchten es kaufen. Sagen sich heute nicht, aber die nächsten Tage, und bis Sie ausgeschlafen haben, ist das Angebot ungültig. Das ist ein klarer Fall von „Rumschnarchlerei!“ Es gibt hierzu die passende Aussage

„Wer zu spät kommt, den bestraft das Leben!“

Folglich achten Sie ab sofort darauf, dass Sie vorne dabei sind. Mit Vollgas unterwegs, von einem Sieg zum anderen. Ihr Leben gewinnt dadurch eine total andere Dimension.

Partnerschaften

Sicher kennen Sie solche Beispiele auch zur Genüge. Wir sind in früheren Jahren in der Disco unterwegs gewesen. Es kommen ein paar Mädels rein, wir finden sie toll und warten lieber noch etwas. Dann besprechen wir die Strategien, wie wir vorgehen werden. Bis wir ausgeschlafen hatten, waren andere Jungs da und die Mädels vergeben.

Business

Ob Mitarbeiter oder Unternehmer achten Sie darauf, dass Sie immer einen Tick schneller sind, als die anderen. Wenn Ihnen das gelingt, liegen Sie vollends auf der richtigen Seite. Dann haben Sie die Chance aufzufallen und sich von der Masse abzuheben.

Anfangen ist das Thema

Wer nicht anfängt, hat verloren. Wissen Sie, wie tragisch es ist, die besten Ideen zu haben, aber mit lauter Planung das Handeln zu verpassen? Das ist fatal zu warten, und plötzlich haben Sie keine Chance mehr. Besonders tragisch finde ich es, dass auf den Friedhöfen viele unerkannte Genies liegen. Wissen Sie wieso unerkannt? Weil sie zeitlebens vergessen haben anzufangen.

Lieber schlecht angefangen als gar nicht

Machen Sie es sich zur Maxime. Ein schneller Start und schon hat es begonnen. Korrekturen und Kursänderungen können jederzeit vorgenommen werden. Das ist überhaupt nicht das Thema, wichtig ist einfach der Start, zu beginnen und gute Ergebnisse dadurch zu schaffen.

Learning by doing

Ist das nicht wundervoll, lernen mitmachen und tun. Sie können alles planen, vorwärts und rückwärts, Sie werden nie alles erfassen und überblicken können. Es bleibt stets das berühmte Restrisiko. Wenn die Dinge nämlich immer funktionieren würden, bräuchte man sich nur hinzusetzen, gut zu planen und dann würde es lauter Erfolgreiche auf dieser Erde geben. So simpel ist das Spiel aber nicht. Die Theorie ist eine Geschichte, die Praxis eine andere. Vergessen Sie das nie in Ihrem Leben.

Nr. 7 Keine Umsetzungskraft

Sie benötigen Kraft, die Dinge umzusetzen. Dran zu bleiben und sich von niemanden beirren zu lassen. Das kleine Wörtchen Tun, hat es in sich. Denn ohne das Sie es mit Vehemenz und Power Tag für Tag tun, bleibt alles wie gehabt. Es ist wie mit den berühmten Silvesterwünschen. Der großen Vorsätze, was man jeweils ändern möchte und das war es bereits.

Bleiben Sie dran

Dran bleiben und nicht außen vor sein. Ich bin erstaunt, wie wenig Engagement manche Menschen an den Tag legen. Schwachstrommäßig versuchen sie die Dinge zum Positiven zu verändern und der Erfolg bleibt aus. Denken Sie dabei an die Entstehung jeglichen Lebens. Alles hat einen relativ langen Zyklus, bis es zum Tragen kommt. Nichts geht über Nacht und schnell schon gar nicht. Das spielt sich nur in den Köpfen von einigen Menschen ab.

Es ist nicht die Frage, was war, sondern was ist

Wie oft tendiert man dazu, von früher zu erzählen. Wie es besser, schöner und leichter war. Alles Blödsinn, früher war es nicht besser, Sie haben nur etliches ausgeblendet. Der Schutzmechanismus jedes Einzelnen kommt da zum Tragen. Stellen Sie sich vor, Sie würden alles weniger Schöne immer noch in der gleichen Intensität haben, das wäre ja nicht auszuhalten. Darum ist es angenehmer, wenn unangenehme Dinge automatisch ausgeblendet werden. Außer bei den Menschen natürlich, die einen Kult aus dem „Ich bin sehr nachtragend“ machen. Wobei solch ein Verhalten sowieso fragwürdig und bedenklich ist. Denn der Einzige, der sich schadet, ist derjenige, der nachträgt.

Schauen wir uns das kleine Wörtchen tun an

Es sind drei schlichte Buchstaben, diese haben es in sich, denn darauf ist alles aufgebaut. Nach der Zielsetzung, dem schriftlichen Festhalten, folgt die schnelle Planung und dann geht es ruckzuck an die Umsetzung.

T ag
U nd
N acht

Wann sollen Sie es tun? Klar am Tag und auch in der Nacht. Am Tag, das verstehen die meisten noch, aber nachts? Da muss man doch schlafen, natürlich sollen Sie da schlafen. Frage ist aber, mit welchem Gedanken Sie abends ins Bett gehen und einschlafen. Der letzte Gedanke beseelt Sie zum Positiven oder zum Negativen. Das sind die berühmten, quälenden Nächte. Von unten nach oben gelesen, heißt das Wort „TUN" nicht unnötig trödeln. Wer trödelt, ist zügig aus dem Rennen. Ihre Maxime muss jedoch sein, jedes Rennen zu gewinnen. Mit Vollgas unterwegs, von einem Sieg zum nächsten.

Wo und bei was hatten Sie zu wenig Umsetzungskraft

Wir gehen gleich in Ihr Leben, denn Sie sind in diesem Buch der Hauptdarsteller, mit allem was dazugehört. Das Buch habe ich explizit für Sie geschrieben. Analysen sind das A und O für Veränderungen. Nur darüber und daraus ist der Keim der Wandlung möglich und dies anhaltend. Schreiben Sie bitte auf, bei welchen Momenten Sie zu wenig Umsetzungskraft hatten und was das für Folgen mit sich zog. Halten Sie fest, wieso das so war und welche Resultate zustande gekommen sind.

Mangelnde Umsetzung?	Wieso?	Resultat?
1.) ____________________	______________	______________

2.) ______________________ ________________ ________________

3.) ______________________ ________________ ________________

4.) ______________________ ________________ ________________

5.) ______________________ ________________ ________________

6.) ______________________ ________________ ________________

7.) ______________________ ________________ ________________

8.) ______________________ ________________ ________________

9.) ______________________ ________________ ________________

10.) _____________________ ________________ ________________

Geht es Ihnen gut? Schmerzt es Sie intensiv? Wenn ja, herzlichen Glückwunsch, das finde ich toll, wenn nein, schade. Vielleicht finden Sie das komisch, ist es aber nicht. Denn Schmerz ist ein wunderbarer Motivator. Halten Sie die drei Hauptpunkte fest.

Mangelnde Umsetzung?	**Wieso?**	**Resultat?**
1.) ______________________	________________	________________
2.) ______________________	________________	________________
3.) ______________________	________________	________________

Wie ist es für Sie? Auch ich habe großen Schaden meinerseits, durch solch ein Verhalten erlitten. Nun denn, ich bin zum guten Glück nicht daran zerbrochen, sondern habe gelernt, damit umzugehen, auf mich aufzupassen. Das ist der entscheidende Punkt, auf sich zu achten. Sich genau zu kennen und zu wissen, wo man ansetzen muss. Kommen wir zu Ihrem schlimmsten Punkt.

Mangelnde Umsetzung?	**Wieso?**	**Resultat?**
1.) ____________________	________________	________________

Welchen Schaden hat das verursacht? Wie geht es Ihnen dabei? Ich weiß, langsam aber sicher nerven die ewigen Fragen nach der eigenen Person. Das ist aber nicht schlimm, wenn Sie einmal hundertprozentig in den Fokus Ihres Daseins rücken.

Ihr Fazit: ____

Das Gegenstück dazu ist, wo hatten Sie enorme Umsetzungskraft

Wir wollen nicht nur das Negative anschauen, mit teilweise unschöner Auswirkung, sondern auch das Positive daran sehen. Denn in Ihrem Leben gab es sicherlich einige Dinge, die Sie mit großer Bravour gemeistert haben. Diese sind es wert, dass Sie die Punkte festhalten.

Baden Sie in dem Gefühl

Das ist wichtig, dass Sie vollends darin aufgehen, sich dieses wundervolle Gefühl zurückholen. Wie fühlte es sich an? Wie war die Stimmung? Wie hat es gerochen? Wer war noch dabei? Wir Menschen sind die einzigen Lebewesen auf Erden, die imstande sind, vorwärts und rückwärts zu fühlen, das ist ein unendlicher Vorteil.

Schreiben Sie alle Punkte auf, wo Sie super waren

Wo waren Sie ein großer Meister? Jeder Mensch hat beachtliche Dinge in seinem Leben bewegt. Großartige Meisterleistungen, die ihn weitergebracht haben. Das Problem dabei ist aber, dass oft die negativen Momente überwiegen und das ist schade. Was haben

Sie Großartiges umgesetzt? Wieso haben Sie das damals gemacht? Was war Ihre Motivation für dieses Verhalten? Und last, but not least, was sind die Endresultate daraus?

Großartige Umsetzung?	Wieso?	Resultat?
1.) ________________	________________	________________
2.) ________________	________________	________________
3.) ________________	________________	________________
4.) ________________	________________	________________
5.) ________________	________________	________________
6.) ________________	________________	________________
7.) ________________	________________	________________
8.) ________________	________________	________________
9.) ________________	________________	________________
10.) ________________	________________	________________

Es ist nicht leicht oder? Sie leben mit diesem Buch ständig in der Achterbahn der Gefühle. Mal ganz oben und dann wieder unten, aber das halten Sie aus, davon bin ich überzeugt. Sie haben in Ihrem Leben schon mehr ausgehalten. Wie ist das Gefühl, schwarz auf weiß zu sehen, was Sie Gigantisches bewegt haben? Das ist doch cool oder? Sie sind ein großer Meister Ihres Faches und wie heißt es treffend, weiter geht es im Kontext. Reduzieren Sie es auf Ihre drei größten Momente.

Großartige Umsetzung?	Wieso?	Resultat?
1.) ____________________	______________	______________
2.) ____________________	______________	______________
3.) ____________________	______________	______________

Spüren Sie den Stolz in sich aufkeimen? Dieses wundervolle und erhabene Gefühl, dass Sie ein Gewinner sind. Sogar ein sehr Großer, dass in Ihnen noch mehr steckt. Das ist doch klasse oder? Power ohne Ende, wenn Sie es zulassen. Das ist der entscheidende Faktor, sich selbst nie wieder im Wege zu stehen. Notieren Sie Ihren „Big Point."

Großartige Umsetzung?	Wieso?	Resultat?
1.) ____________________	______________	______________

Halten Sie bitte einen Moment inne, genießen Sie dieses super Gefühl. An dieser Stelle sollten Sie sogar aufhören zu lesen, sich etwas zurückziehen, spazieren. Ein Gläschen trinken und auf sich selbst anstoßen. Sich zu feiern, gibt Ihnen neuen Mut und Power, endlich diesen Weg, den Sie bereits gegangen sind, erneut einzuschlagen.

Ihr Fazit: ____

Maßnahme Nr. 7: Umsetzungskraft entwickeln

Ohne Umsetzungskraft kann man buchstäblich alles vergessen. Das ist fatal, da das Leben in jeder Hinsicht Entwicklung und Verwirklichung ist. Wer es versäumt, sein gesamtes Potenzial richtig zu nutzen, wird ewig hinterher rennen müssen.

Wie kommen Sie aus dem Dilemma heraus

Der erste Schritt ist, niemals den Ist-Zustand zu akzeptieren. Das hat ja bereits gut geklappt, denn sonst hätten Sie das Buch nicht gekauft und bis hierher gelesen. Lesen ist die eine Sache, die tägliche Umsetzung nochmals eine andere. Im Alltag wird es sich zeigen, wie gut Sie in Ihrer Umsetzung, wie stark und taff Sie unterwegs sind. Nachfolgende Aussage sollten Sie sich unbedingt auf Ihre Lebensfahne schreiben

„Der Erfolgreiche beginnt da – wo der Erfolglose aufhört!"

Wenn Sie wirklich wollen, muss es immer ein wenig mehr sein und dann nochmals, nochmals und nochmals. Dadurch schaffen Sie sich eine neue Wirklichkeit.

Gehen Sie erst ins Bett, wenn Sie etwas Neues getan haben

Sie kennen es sicherlich, die Tage zerrinnen zwischen den Fingern. Rasend schnell ist eine Woche vorbei, ein Monat, ein Jahr, Jahrzehnte und so weiter. Wenn Sie nicht aufpassen, sind Sie eines Tages alt und dürfen in der Ohnmacht leben, dass Sie hätten einiges mehr bewegen können. Machen Sie sich eine Liste von den Punkten, welche Sie erreichen möchten. Halten Sie diese schriftlich fest und wenn Sie abends beim Checken merken, dass Sie kein Häkchen setzen können, da es nicht gemacht wurde, erledigen Sie es noch, bevor Sie ins Bett gehen. Klüger ist es aber, im Laufe des Tages das Neue einzubauen. Dadurch geraten Sie abends nicht in einen Konflikt.

Wiederholen Sie es 200 Mal, dann ist es manifestiert

Sie kennen die berühmte Aussage von „Einmal ist keinmal!" Deswegen ist es erforderlich, dass Sie im Schnitt alle neuen Abläufe mindestens 200 Mal wiederholen. Das verlangt am Anfang ein hohes Maß an Disziplin. Wenn Sie es häufig durchgezogen haben, wird es zur Selbstverständlichkeit, haben Sie es gepackt. Das ist ein wundervolles und großartiges Gefühl.

Nr. 8: Kein Durchhaltevermögen

Das ist so fatal, die meisten Menschen geben zu früh auf. Wer aufgibt, hat verloren, das ist schade, dies kann und darf nicht wahr sein. Wehren Sie sich dagegen, in dem Sie das Wort „Aufgeben" aus Ihrem Vokabular streichen. Es darf nie mehr vorkommen, nicht einmal in Ihren entferntesten Gedanken.

Bejahen Sie alles, was Sie tun

Auch wenn es manchmal ein kleiner Irrweg war. Das ist nicht tragisch, denn durch das tägliche Kontrolling kehren Sie sofort auf den Pfad der Tugend zurück, auf Ihren Weg des Erfolges. Das gibt Ihnen Sicherheit, richtig zu sein. Denken Sie an die berühmten Navigatoren, die dafür sorgen, dass man auf Kurs ist und bleibt.

Durchhaltevermögen, was ist das

Deutsch ist eine wundervolle Sprache. Ich beherrsche sechs Sprachen, finde Deutsch vom Inhalt und der Aussagekraft eine großartige Sprache. Was ist in dem Wort

„Durch - halte -vermögen"

enthalten? Explizit, Sie müssen da durchgehen, es aushalten? Die Rede ist davon, dass man bereit sein muss, durch das Tal der Tränen zu gehen. Es auszuhalten, auch wenn es oftmals alles andere als leicht ist. Unbeirrbar seinem Weg folgend, gelangt man auch zum Vermögen.

Durchgehen durch alles, was da kommt

Sich den Momenten auszusetzen und eines zu wissen, wenn man da durchgegangen ist, es geschafft hat. Sie sind ein Gewinner, das müssen Sie sich permanent vor Augen führen. Die Betonung liegt klar auf „Gehen." Gehen, Schritt für Schritt den Weg des Erfolges.

Alles was Sie tun, tun Sie in erster Linie für sich, das ist ja das Sensationelle daran. Wenn Sie Kinder haben, stehen Sie auch bei ihnen als Vater oder Mutter in der Pflicht. Bringen Sie Ihnen bei, taff durchs Leben zu gehen, Sie sind das größte Vorbild. Von Ihnen hängt es ab, ob Ihr Kind das nötige Rüstzeug mitbekommt.

Halten, fest zubeißen wie ein Pitbull

Ich vergleiche das gerne mit einem Pitbull, was macht der, wenn er zugebissen hat? Ich sehe das Bild vor Augen, habe es selbst erlebt, ein Pitbull beißt zu. Alles reißen, schreien, schlagen nützt nichts, er lässt nicht los. Der Besitzer holt ein Stück Holz und rammt es ihm in den Kiefer, versucht diesen aufzuknacken. Nichts tut sich, er hält fest. Ein Passant bringt Tränengas und der Besitzer sprüht es seinem Hund direkt in den Mund und die Nase. Nichts passiert, außer dass die Umliegenden alle Probleme bekommen. Erst als der Besitzer auf mein Anraten hin, die Hinterbeine wegzieht, lässt er nach gut 10 Minuten los. Vielleicht finden Sie das ein seltsames Beispiel oder sogar grausam. Es soll für Sie zum Symbol werden, wenn Sie sich etwas vornehmen, genauso zubeißen wie ein Pitbull und nicht loslassen, bis Sie Ihr Ziel erreicht haben.

Vermögend an Wissen, Können und Geld

Die meisten Menschen träumen von Vermögen und meinen damit ausschließlich Geld. Sie rennen ein Leben lang dem Geld hinterher und merken nicht, dass das Geld schneller ist als sie. Die Motivation darf nicht Geld sein, sondern anderen Menschen einen hohen Nutzen zu bieten, das ist die Krönung. Hier hilft stets und immer die berühmte Frage

„Was haben andere Menschen davon, dass es mich gibt?“

Das ist die dringlichste Frage in Ihrem Leben, welche Sie sich täglich stellen sollten. Ab wann können Sie anderen Menschen einen hohen Nutzen bieten? Doch nur, wenn Sie selbst über Wissen und Können verfügen. Dieses selbst Tag für Tag konsequent umsetzen.

Je größer Ihr Wissen und Können, desto unentbehrlicher sind Sie

Führen Sie sich diesen Satz immer wieder vor Augen. Es ist das Schönste, was man als Mensch erreichen kann, für andere da zu sein. Menschen etwas Gutes zu tun, ist die Krönung des menschlichen Daseins, darin liegt Motivation und Begeisterung. Zu sehen, dass es anderen Leuten durch das eigene Sein von Tag zu Tag besser geht, ist ein Traum.

Wie oft hatten Sie kein Durchhaltevermögen

Bei was hatten Sie mangelndes Durchhaltevermögen? Welche Folgen hat das mit sich gebracht? Das ist wichtig, dies zu erkennen. Denn alles hat eine entsprechende Konsequenz und die kann unter Umständen bitter sein. Das ist keine Tugend, sondern Dummheit. So etwas tut man nicht, wenn man im Leben etwas erreichen möchte. Notieren Sie bitte alle Punkte. Wenn Sie ehrlich sind, werden Sie einige Passagen in Ihrem Leben finden, wo das alles gefehlt hat.

	Fehlendes Durchhalten?	Wieso?	Folgen?
1.)	______________	______________	______________
2.)	______________	______________	______________
3.)	______________	______________	______________
4.)	______________	______________	______________
5.)	______________	______________	______________
6.)	______________	______________	______________
7.)	______________	______________	______________

8.) ______________________ ________________ ________________

9.) ______________________ ________________ ________________

10.) _____________________ ________________ ________________

Geht es Ihnen vom Feeling her schlecht? Erschütternd, was Sie alles sein und haben könnten. Wenn, ja wenn, das kleine Wörtchen wenn nicht wäre. Nun denn, es ist einmal mehr Zeit Bilanz zu ziehen. Den Tatsachen in die Augen zu schauen, um Veränderungen einzuleiten. Seien Sie froh, Sie gehören zu den berühmten 2%, die bereit sind, sich mit dem eigenen Leben auseinanderzusetzen. Die meisten klagen und jammern, verbunden mit der Hoffnung, dass es noch irgendwie werden wird. Oder fügen sich in ihr Schicksal, dass man nicht zu den Begünstigten im Leben gehört. Nun reduzieren Sie es auf Ihre drei größten Bereiche.

Fehlendes Durchhalten?	**Wieso?**	**Folgen?**
1.) ______________________	________________	________________
2.) ______________________	________________	________________
3.) ______________________	________________	________________

Manche tendieren schon zu großer Fatalität, denn einiges kann man nicht wieder herstellen. Dafür ist die Zeit abgelaufen, das macht traurig und ist schade, dass es soweit kommen musste. Mir fällt dazu eine Bekannte ein, die ihren Mann verlassen hatte, wegen einem anderen Mann. Um kurze Zeit später festzustellen, dass sie wieder die gleichen Probleme hat, sogar schlimmer, und dass es bei ihrem Mann viel besser gewesen ist. Ein wenig Durchhaltevermögen an den Tag zu legen und nicht gleich die berühmte Flinte ins Korn zu werfen, wäre besser gewesen. Sie wollte zu ihm zurück, aber er hat über den Schmerz, den sie ihm zugefügt hat, sich soweit von ihr entfernt, dass es kein Zurück gab. Sie kennen sicherlich auch solche Beispiele. Alles hat eine bestimmte Zeitqualität, wenn diese abgelaufen ist, ist es zu spät, der berühmte Point of no Return. Schreiben Sie nun Ihren schlimmsten Fall auf.

Fehlendes Durchhalten?	**Wieso?**	**Folgen?**
1.) ____________________	______________	______________

Wie fühlt es sich an? Wie gehen Sie damit um? Sollte es schmerzen, lassen Sie es zu, um sich dann schnell davon abzuwenden. In sich dann, den Gedanken und den Motivationsruf zu festigen

„Ich bin ein Gewinner, ich gewinne immer, komme, was da wolle!"

Ihr Fazit: ____

Glück als Endprodukt des Durchhaltevermögens

Es gibt kaum einen Menschen, der nicht gerne Glück hätte. Dass man aber Glück nicht geschenkt bekommt, daran denken die wenigsten. Glück kommt nie von ungefähr, es will erarbeitet werden. Ein steiniger und langer Weg, es schlussendlich in der Hand halten zu dürfen. Für Außenstehende sieht es dann so aus, als würde es solche Begünstigte geben. Da heißt es gleich „Tja, der oder die haben halt immer Glück!" Ohne zu hinterfragen, was diese Menschen für ihr Glück Überdurchschnittliches leisten.

Otto Normalbürger gibt bei der ersten Schwierigkeit auf

Kaum gibt es ein wenig Gegenwind, sind die meisten weg vom Fenster. Da werden sofort die Ziele gestrichen, reduziert oder man sucht einen Schuldigen und sicherlich findet man ihn auch. Wie pervers ist das? Wer anderen die Schuld gibt, gibt Ihnen die Macht über das eigene Leben.

Erfolgreiche freuen sich auf Schwierigkeiten

Das ist der Unterschied, Erfolgreiche sehen jedes Problem als eine Herausforderung an und gehen mit Engagement an die Lösung. Sie kennen nur ihr Ziel und wissen eines, wenn sie lange genug dran bleiben, schaffen sie es ohne „Wenn und Aber." So reihen Erfolgreiche einen Sieg nach dem anderen. Diese sind es gewohnt, taff unterwegs zu sein und rasante Entscheidungen zu treffen.

Hier ein paar Erfolgstipps

Man müsste etwas erfinden, dann hätte man es gepackt. Kennen Sie diesen Spruch? Vielleicht haben Sie ihn auch schon in den Mund genommen. Aber was kam dabei heraus, doch nichts. Sie beschwören es lautstark, dass der große Tag kommen wird und so warten Sie und warten und warten. Der große Tag wird allerdings nicht von alleine kommen, denn Sie müssen ihm mit folgenden Maßnahmen entgegen gehen

- Go the extra mile
- 100% Leistung
- 10% Extraleistung
- Herzblut

Go the extra mile

Ja, laufen Sie eine extra Meile. Immer wenn Sie meinen, es wäre genug, legen Sie noch was drauf, starten erneut durch. Sie können das auch im Sport verfolgen. Wenn Sie einen dieser Spitzensportler fragen, welche Trainingseinheit am wertvollsten ist, wird er Ihnen sagen, der letzte Teil. Es wiederholt sich in allen Bereichen des täglichen Lebens. Wie sind Sie unterwegs? Sind Sie bereit, eine Extrameile zu gehen? Wenn ich das die Leute frage, erhalte ich zur Antwort „Kommt darauf an!" Gegenfrage „Auf was kommt es an?" Das war es dann schon und die meisten kapitulieren, weil sie sich voll darin erkannt haben.

100% Leistung

Das sollte normal sein, die wenigsten Menschen sind aber bereit, überhaupt soviel zu leisten. Das sehen wir an allen Ecken und Enden. Wie viele mürrische Bedienungen, Verkäufer und sonstige Dienstleister kennen Sie? Mit Sicherheit unzählige, was haben Sie für ein Gefühl, wenn Sie solchen Menschen begegnen? Am liebsten würde man gehen, wenn man nicht in dem Moment irgendetwas benötigte. Ich behaupte, die meisten bewegen sich im Bereich von der Hälfte, ca. 50% der Möglichkeiten, oft sogar darunter. Wie sagte Einstein „Ich kann es nicht verstehen, dass der Mensch mit nur 5 - 10% seiner Fähigkeiten unterwegs ist!“

Wie schaut es bei Ihnen aus? Darauf erhalte ich oft zur Antwort „Ich, ja ich gebe immer 100%, das ist doch klar!“ „Sind Sie da ganz sicher, denken Sie einmal darüber nach.“ „Vielleicht doch nicht immer......!“ „Und wie oft ist das der Fall?“ „Wenn ich ehrlich bin, fast immer!“ Da haben wir es doch und danach folgen jede Menge Alibigeschichten und Opferstorys. Dass man gerne würde, aber die Umstände daran schuld sind. Also Hand aufs Herz und bitte ehrlich zu sich sein. Denken Sie daran, sich zu belügen, ist Schwäche hoch zwei. Anderen die Schuld zu geben, ist dumm und zeigt die eigene Unmündigkeit. Brauchen Sie diese Nummer? Bestimmt nicht, Sie tragen für alles die Verantwortung und stehen dazu.

10% Extraleistung

Da höre ich häufig einen Aufschrei „Was, wie ich soll mehr leisten. Für was denn, ich bekomme das nicht bezahlt. Ich bin nicht bereit dazu, niemals!“ Das ist der Hammer, da haben wir es endgültig. Bei den 100% schon sackschwach unterwegs sein, so ist es und dann jammern, dass es andere Menschen gibt, die mehr besitzen. Dazu ein paar kleine Tipps, wenn Sie für 8 Stunden bezahlt werden, arbeiten Sie 10 Stunden, seien Sie überdurchschnittlich. Geben Sie Zusatzleistung, übernehmen Sie neue Aufgaben und Verantwortung. Bei allem was Sie tun, legen Sie ein Extra drauf. Am Anfang mag Ihnen das etwas absurd vorkommen, Sie werden sich daran gewöhnen und es wird für Sie zur Selbstverständlichkeit werden, Sie können nicht anders. Es ist dermaßen in Fleisch und Blut übergegangen. Nur so sind Sie auf der Siegerlinie. Frage ist, nach wem möchten Sie sich richten? Nach den Erfolgreichen oder nach den Erfolglosen? Sie haben die Wahl.

Wenn Sie sich für die erfolgreiche Nummer entscheiden, müssen Sie mehr tun und dürfen nimmer müde sein. Wenn Sie lieber die Nummer des Erfolglosen leben möchten, ist das auch in Ordnung. Es ist Ihr Leben und das dürfen Sie selbstverständlich leben, wie Sie es möchten. Aber Sie müssen bei der letzten Variante Abstriche machen. Wenn Sie sich mit dem Minimalismus zufriedengeben, ist das auch Ihr gutes Recht. (Aber dann bitte nicht jammern!)

Herzblut

Ohne Herzblut ist alles leblos und tot. Sie kennen bestimmt fleißige Menschen, die übereifrig sind, aber ohne Herz. Man hat das Gefühl, sie hätten nur ihre Zahlen und das Geld im Kopf. Dies spürt man schnell und die Wirkung solchen Verhaltens ist genau das Gegenteil, es wirkt abstoßend. Das Feuer der Begeisterung, wo Ihr Herz lacht, Sie hundertprozentig beseelt sind von dem, was Sie tun, sollte ein Teil von Ihnen sein. Es ist das Größte und Erhabenste zugleich. Genau da müssen Sie hinkommen. Finden Sie sich selbst und es geht Ihnen wesentlich besser. Sie können eine supertolle Leistung erbringen, es gibt für Sie keine Grenzen.

Erfolgreiche motivieren sich weiter.

Durch Dranbleiben und Extra-Engagement erreichen Erfolgreiche einen Sieg nach dem anderen. Das ist ein weiterer, großer Motivator, wenn Sie es erreicht haben, sollten Sie sich auch unbedingt belohnen. Ab einem bestimmten Alter dürfen Sie nicht auf die Belohnung warten, Sie müssen das selbst tun. Belohnung als ein weiterer und wunderbarer Motivator.

Maßnahme Nr. 8: Durchhaltevermögen gewinnen

Das ist kein leichtes Unterfangen, gegen Widerstände vorzugehen, eisernes Durchhaltevermögen an den Tag zu legen. Sich gegen alle Zeitdiebe zu wehren, dass diese Ihnen nicht zu nahe kommen. Dann haben Sie noch Ihren inneren Schweinehund, der etwas will. Eine spannende Angelegenheit, mit der Sie sich abgeben dürfen. Tag für Tag, Monat für Monat und Jahr für Jahr.

Ihre Widerstände

Aufzuteilen in innere und äußere Widerstände. Davon haben Sie eine riesen Palette. Es ist erstaunlich, was da zusammen kommt. Leider manchmal sogar so heftig, dass man davon buchstäblich überrannt wird.

Glaubenssätze und Programmierung

Welche Glaubenssätze haben Sie mitbekommen? Wie waren Ihre erlebten Vorbilder? Wie sind diese damit umgegangen? Wie viel Power haben sie an den Tag gelegt? Vorbilder schaffen schnell eine große Gewohnheit. Halten Sie sich lieber an diese, denn wenn Sie es zeitlebens mit Menschen die schnell aufgegeben haben, zu tun hatten, tun Sie sich besonders schwer. Es ist jedoch nicht unüberwindbar, suchen Sie sich motivierende Vorbilder und entwickeln Sie motivierende Glaubenssätze.

Zeitdiebe

Das sind die Schlimmsten, die Langweiler der Nation, die immer wieder das Gespräch suchen. Hierzu ist es erforderlich, dass Sie in Klausur gehen, Zeiten der Ruhe haben, wo Sie keiner stört. Auch mit dem Telefon müssen Sie vorsichtig umgehen. Ich bin erstaunt, kaum klingelt das Telefon, wird gerannt. Wie bescheuert ist das im Zeitalter von Anrufbeantwortern. Achten Sie auf Zeiten, wo Sie in Ruhe arbeiten können. Sonst sei Ihnen eines gewiss, Ihre Zeit reduziert sich auf ein Minimum und das reicht nicht, um zum Erfolg zu gelangen.

Ablenkungen

Wir unterliegen heutzutage einer riesigen Reizüberflutung. Das ist erschreckend, wie viele Dinge unsere Wahrnehmung in Beschlag nehmen. Das ist aber gefährlich, wenn Sie allem nachgeben. Dann sind Sie buchstäblich verloren und das dürfen Sie niemals zulassen. Setzen Sie für alles in Ihrem Leben klare Zeitblöcke. Sonst schaffen Sie nie ein großes Pensum.

Dringende Punkte

Kennen Sie den Unterschied zwischen wichtig und dringend? Viele Dinge werden so lange hinausgeschoben, bis sie dringend werden. Das ist die schlechteste Ausgangsbasis. Genauso wie die Leute mit der Botschaft „Es ist ganz dringend!“ Letztlich gibt es nur eine große Dringlichkeit, wenn es brennt. Dann müssen Sie rennen und schnell sein. Sonst hat es sich gezeigt, dass genau das Gegenteil der Fall ist.

Gestalten Sie eine Collage

Collagen sind ein Inspirator, die Sie permanent daran erinnern, an die wichtige Tugend, dran zu bleiben. Das ist klasse und ein großer Motivator, Ihre Ziele durchzuziehen und nie vorher aufzuhören. Lassen Sie all Ihren Ideen freien Lauf. Sammeln Sie motivierende Bilder, kleben Sie, schreiben Sie, geben Sie Ihren Wünschen und Zielen ein „Gesicht.“

Nr. 9: Keine starke Persönlichkeit

Um zum Erfolg zu gelangen, ist es unabdingbar, dass Sie eine starke Persönlichkeit an den Tag legen und falls Sie diese noch nicht sind, entwickeln. Denn Erfolg zieht Widerstände mit sich und diese gilt es zu überwinden. Noch besser, die Widerstände nicht an sich dran zu lassen. Wenn Sie sich bei allem und jeder Kleinigkeit erschrecken, gelangen Sie nicht zum Erfolg. Sie brauchen eine hohe Immunität, um das Ganze zu bewältigen, die Resultate sprechen dann für sich.

Wie werde ich eine große und starke Persönlichkeit

Diese Frage bekomme ich öfters gestellt. Die können Sie nicht kaufen oder über Nacht erhalten, die gilt es sich zu erarbeiten. Je mehr Vorbilder Sie hatten, desto leichter geht es. Wenn Sie jedoch in den Genuss der ständigen Unterdrückung kamen, wird es schwierig.

Persönlichkeiten werden bewundert

Es ist interessant, wie Persönlichkeiten bewundert werden. Die meisten möchten auch eine Persönlichkeit sein. Aber der Weg zu einer Persönlichkeit wird in der Regel bekämpft. Es müssen Widerstände, eigene wie auch die aus der Umgebung überwunden werden. Oft bremst das Umfeld und versucht bewusst oder unbewusst zu verhindern, dass jemand „nach oben ausschert."

Babys und kleine Kinder sind eine Persönlichkeit

Für mich ist es großartig zu sehen, mit welcher ausgeprägten, wenn auch kleinen Persönlichkeit, Babys in die Welt treten. Je größer dieses Baby wird, desto stärker fangen die Sanktionen an zu greifen. Gebote und Verbote sind an der Tagesordnung. Leider tun sich viele Eltern mit aktiven Kindern schwer. Unterdrückung bis hin zu verbalen und körperlichen Schlägen, sind nicht gerade selten. Das Spiel wird oft in der Schule weitergeführt.

Kinder mit großer und eigenwilliger Persönlichkeit

Diese sind in der Schule nicht beliebt, auch wenn das mancher Lehrer nicht gerne liest. Viele erfolgreiche Persönlichkeiten waren oft schlechte Schüler, hatten ihren eigenen Kopf. Es gibt für Kinder eben ein gewisses Grundmuster und wer sich daran nicht hält, hat es schwerer.

Lehre und Studium

Wenn man Glück hat, wird man angenommen und kann sich weiter entwickeln. Das geht jedoch nur, wenn die Gegenseite einen hohen Toleranzpegel und eine noch höhere soziale Kompetenz an den Tag legt. Auch dies gibt es leider nicht zu oft.

Beruf

Wie klasse, wenn man die Möglichkeiten hat, sich in seiner Eigenheit zu leben. Wenn es die Firmenstruktur zulässt, dass starke Persönlichkeiten am Werke sein dürfen. Es eine große Bandbreite an Spielmöglichkeiten gibt, das ist natürlich erstklassig und macht Spaß und Freude. Wenn jeder in seiner Kraft, mit seinen Stärken, nicht nur akzeptiert wird, sondern gefordert und gefördert.

Partnerschaft

Es ist spannend zu sehen, wie oft ein Partner versucht, den anderen nach seinen Vorstellungen zu manipulieren, klein zu halten. Unfassbar, was da abgeht. Darum kann es nur lauten, aufpassen und permanent reflektieren. Denn wenn es zu Hause, in der Beziehung nicht stimmt, wirkt es sich auf das gesamte Leben aus.

Welche persönlichen Eigenschaften hätten Sie gerne

Sie kennen sich ja schon ein paar Jahre. Wen und was hätten und wären Sie gerne? Das sind die wichtigen Fragen, und diese gilt es zu analysieren. Schreiben Sie alles frei und ohne Zensur, von der berühmten Leber weg. Das befreit ungemein und Sie haben einen Fundus, aus dem Sie auswählen können, mit dem man arbeiten kann. Welche Persönlichkeitsaspekte hätten Sie gerne? Wieso haben Sie es noch nicht erreicht und die letzte Frage, ab wann geht es los mit der Umsetzung?

Welche Persönlichkeit?	**Wieso nicht?**	**Ab wann?**
1.) ______________________	________________	________________
2.) ______________________	________________	________________
3.) ______________________	________________	________________
4.) ______________________	________________	________________
5.) ______________________	________________	________________
6.) ______________________	________________	________________
7.) ______________________	________________	________________
8.) ______________________	________________	________________
9.) ______________________	________________	________________
10.) _____________________	________________	________________

Sie haben sicherlich einige Vorbilder, welche Sie bewundern. Wer besitzt die Eigenschaften, die Sie gerne hätten? Wie weit sind Sie davon entfernt? Woher kommen die Ursachen, dass Sie es nicht sind? Es ist wichtig, diese Parameter zu analysieren. Dadurch haben Sie die reelle Chance, eine zügige Änderung herbeizuführen. Änderungen sind oftmals schmerzhaft, es lohnt sich aber den Weg zu gehen, denn danach fühlen Sie sich freier und glücklicher. Reduzieren Sie es auf die drei wichtigsten Merkmale.

Welche Persönlichkeit?	Wieso nicht?	Ab wann?
1.) ______________________	________________	________________
2.) ______________________	________________	________________
3.) ______________________	________________	________________

Geht es Ihnen gut oder sind Sie eher erschrocken? Waren Sie immer im Hintergrund oder so wie ich, schon als Kind ein kleiner, trotziger Rebell? Je nachdem ist das Ergebnis unterschiedlich. Jetzt kommt Ihr wichtigstes Persönlichkeitsprofil. Was müssen Sie unbedingt erreichen? Wo geht es Ihnen supergut? Wieso haben Sie so lange gewartet, es in Angriff zu nehmen? Wann schlagen Sie endlich zu? Ich finde es wundervoll, unserer Leben. Wir haben die freie Wahl und Möglichkeit, alles ist für uns total offen. Wir müssen es nur anpacken, eine Entscheidung treffen und los geht es.

Welche Persönlichkeit?	Wieso nicht?	Ab wann?
1.) ______________________	________________	________________

Das Leben ist viel zu wertvoll, um permanent das Gleiche zu tun und sich selbst nicht zu verändern. Es ist eine Schande, wenn man das riesige Potenzial, welches in einem steckt, überhaupt nicht nutzt. Ich vergleiche das gerne mit einem Ferrari, welcher tagsüber in der Garage steht und nur morgens zum Brötchen holen gestartet wird. Dann geht es im ersten Gang einmal ums Quadrat und retour. Dadurch wird der Motor sauer, das ist nur eine Frage der Zeit. Genau so bewegen sich die meisten Menschen. Sind sauer gefahren und das vergiftet den kompletten Organismus.

Ihr Fazit: ____

Maßnahme Nr. 9: Eine starke Persönlichkeit werden

Niemals Störungen oder Schwächen zu akzeptieren. Das würde einer Kapitulation gleichkommen und das möchten wir nicht, da müssen Sie klar dagegen arbeiten. Es ist spannend aufzustehen und sich auf den Weg zu machen. Das bereitet unendlich Freude, Spaß und gibt immens viel Energie.

Wie schaffen Sie das

Das berühmte Wörtchen wie, wie geht es, wie schafft man es, wie macht man es richtig? Wie kommt man voran und viele weitere Fragen. Wer dieses „Wie" beantworten kann, hat den Schlüssel zum Erfolg und das ist sensationell, derart durchs Leben zu gehen. Das baut auf und stärkt das eigene Selbstbewusstsein. Wie immer gibt es viele Wege, die nach Rom führen. Finden Sie für sich heraus, welcher Weg Ihnen liegt. Oftmals ist eine Kombination wichtig.

Hier einige der Wege

Das Leben ist herrlich und großartig. Es ist unendlich spannend und voller Freude, wenn man es zulässt. Den berühmten großen Kelch nicht an sich vorbei ziehen lässt, sondern daraus trinkt. Sich daran labt, um gestärkt ins Geschehen zu gehen. Hier einige der Möglichkeiten, die es zu nutzen gilt.

- Persönlichkeiten kontaktieren
- Aufenthalt in Locations
- Hobbys
- Biografien lesen
- Modelling of excellence

- Die Spreu vom Weizen trennen
- Erfolgsorientiert denken und handeln
- Persönliche Weiterentwicklung

Persönlichkeiten kontaktieren

Die Welt steckt voller Persönlichkeiten. Umgeben Sie sich nicht mit Jammerern und Zauderern, sondern suchen Sie inspirierende Mitmenschen. Diese gilt es zu finden und mit ihnen in Kontakt zu kommen. Im heutigen Zeitalter des Internets ist das kein Problem. Siehe als Beispiel die Social Media Variante. Da können Sie mit den Persönlichkeiten direkt in Kontakt treten, zu denen Sie früher kaum eine Basis gefunden hätten. Ich erlebe es häufig, dass viele Angst haben, Persönlichkeiten anzusprechen. Eines sei Ihnen gesagt, es sind Menschen, wie Sie und ich.

Aufenthalt in Locations

Das ist enorm spannend und wie. Checken Sie, in welcher Atmosphäre, in welchen Locations die von Ihnen präferierten Persönlichkeiten sich aufhalten. Das ist die schnellste Methode, direkt in Kontakt zu treten. Nicht warten, dass Wunder geschehen, sondern sich auf den Weg machen.

Hobbys

Es erfordert von Ihnen ein wenig Recherchearbeit. Sie überprüfen, wo befinden sich Ihre Vorbilder, was machen die Persönlichkeiten, zu denen Sie eine große Affinität aufgebaut haben? Welche Hobbys betreiben diese Leute, womit umgeben sie sich und dann heißt es zu kontakten. Gemeinsame Interessen verbinden.

Biografien lesen

Das ist spannend zu lesen, wie es anderen ergangen ist. Welche Höhen und Tiefen diese zu überwinden hatten. Da werden Sie sich erkennen und einiges besser verstehen. Von anderen auf sich zu schließen und einige der Mechanismen zu etablieren. Biografien geben einen Einblick in das Leben von Erfolgreichen. Sie können dadurch den Erfolg des anderen aus einer neuen Perspektive sehen. Verstehen einiges besser und werden dabei feststellen dürfen, dass der Weg immer ein sehr langer war. Es etliche Rückschläge gab und eine der wichtigsten Maxime dieser Leute ist

„Wenn du hingefallen bist – stehe sofort auf und mache unverzüglich weiter!"

Das ist das größte Erfolgsgeheimnis, niemals aufzugeben und sich beklagen. Aus der Situation zu lernen und weiter geht es.

Modelling of excellence

Darüber habe ich schon in mehreren Büchern geschrieben. Wiederholung schafft Wirklichkeit. Modellieren Sie die Menschen und Lebensentwürfe, welche Ihnen gefallen. Studieren Sie das Leben Ihrer Vorbilder und das daraus resultierende Verhalten. Sie können vieles für sich ableiten. Es ist spannend, und wenn Sie es mit Ihrem Verhalten verbinden, wird Ihnen manches bewusster. Es hilft Ihnen stärker, in größere Fußstapfen zu treten. Hier höre ich dann, ich will nicht andere imitieren. Solche Aussagen können leider nur Menschen treffen, die mangelndes Selbstbewusstsein haben. Es geht darum, die besten Eigenschaften zu seinen eigenen zu machen. Für sich die Ideallinie zu finden und diese zu leben.

Die Spreu vom Weizen trennen

Sie haben jeden Tag 24 Stunden zur Verfügung. Einige sprechen von der berühmten Ungerechtigkeit. Diese kann ich leider nicht erkennen, denn wir erhalten alle, eine Sekunde nach Mitternacht, genau neue 24 Stunden geschenkt. Frage ist, was macht jeder Einzelne daraus? Eine große Meisterleistung oder lässt er alles an sich vorbeiziehen? Freie Wahl und das jeden Tag zig Mal, dafür bin ich unendlich dankbar, in diesen Genuss zu gelangen. Hierbei geht es speziell darum, wer und was bringt Energie, wer und was kostet Energie? Energiefresser und -räuber sind definitiv für alle ewigen

Zeiten zu eliminieren, trennen Sie sich davon. Das gehört absolut zur Persönlichkeitsentwicklung. Daraus werden Sie neue Kraft gewinnen und sich endlich auf das Wesentliche, Ihre Ziele konzentrieren können.

Erfolgsorientiert denken und handeln

Gibt es eine Alternative dazu? Nein, bestimmt nicht, Sie haben nur zwei Chancen. Sie bleiben Durchschnitt oder heben sich aus der breiten Masse ab. Was möchten Sie lieber? Für mich war schon in jungen Jahren klar, dass ich zu Größerem geboren bin, einen anderen Weg gehen möchte und auch werde. Natürlich gibt es auf dem Weg Rückschläge, Unsicherheit und die Aufgebergedanken. Letztlich hilft nur der eigene Input und die große Vision, weiterzumachen.

Persönliche Weiterentwicklung

Wie schon mehrfach im Buch erwähnt, es geht darum, permanent an sich zu arbeiten und sich positiv weiterzuentwickeln. Es liegt an Ihnen, ob und welche Bücher Sie lesen. Welche Musik oder Motivation Sie hören, welche Seminare Sie besuchen, bis hin zum Königsweg Coaching.

Das ist zu viel Arbeit

Bei dieser Aussage muss ich schmunzeln. Klar ist es der Traum von vielen, möglichst ohne eigenen Aufwand alles zu erreichen. Das funktioniert leider nicht, diesen Gedanken gilt es definitiv aus seinem Inneren zu verbannen. Jede Veränderung erfordert ein bestimmtes Engagement. Wer zu einer großen Persönlichkeit strebt, arbeitet täglich daran. Er kontrolliert die einzelnen Fortschritte. Dokumentiert sie schriftlich und macht zugleich KvP, das heißt „kontinuierlicher Verbesserungs-Prozess." Dies bedeutet, täglich werden die notwendigen Korrekturen vorgenommen, um eine bessere Performance zu erreichen.

Sie sind eine starke Persönlichkeit

Alles ist in Ihnen angelegt und vorhanden, aber vieles noch nicht genutzt. Schließen Sie die Türe auf und los geht es. Handeln, machen und tun, das schafft Glück und Zufriedenheit. Es ist das Größte, ein Meisterwerk nach dem anderen zu realisieren. Seien Sie dankbar, loben Sie sich für diese Erkenntnis und für die Kraft, es zu tun. Ein unendliches Glücksgefühl, wird Sie nach dem Erreichen eines jeden Zieles noch weiter beflügeln.

Nr. 10: Kein Maximalist

Minimalisten bevölkern die Erde in der Überzahl. Wenn Sie zum Erfolg kommen möchten, müssen Sie sich vom Minimalismus trennen. Dann gilt für Sie in jeder Hinsicht ab sofort der Maximalismus. Das bedeutet eine tägliche Überwindung der eigenen Schwerkraft, der Trägheit und des nicht Wollens.

Überdurchschnittliche Leistung ist gefragt

Ist das nicht klasse, dass man mit dieser außergewöhnlichen Leistung große Ergebnisse erzielt? Die Alternative dazu ist, Sie schrauben Ihre gesamten Ansprüche auf ein wenig oder null herunter. Dann haben Sie es leichter, müssen sich nicht anstrengen, alles ist gut, wie es ist. Wichtig ist bei diesem Verhalten, dass Sie es mit Überzeugung leben und nicht nach etwas Höherem streben. Denn das führt zur Unzufriedenheit und Stress.

Arbeiten Sie stets erfolgsorientiert

Bevor Sie in Zukunft etwas anfangen, sich in Bewegung setzen, machen Sie sich kurz Gedanken darüber, ob und was es Ihnen bringt? Denken Sie nach vorne und checken Sie, ob es das ist, was Sie unbedingt wollen. Die meisten Menschen sind nur am Funktionieren und das ist grausam. Denn durch dieses Verhalten wird wertvolle Lebenszeit leichtfertig zerstört. Dann ist es besser nichts zu tun, als einfach irgendetwas.

Handeln Sie stets im vollen Bewusstsein

Im Wort Bewusstsein ist das eigene Sein enthalten, um das geht es in erster Linie. Jede Aussaat hat eine Wirkung oder Ernte. Wer Gerste sät, wird Gerste ernten und niemals Weizen. Das sind die Naturgesetze. Darüber gilt es sich im Klaren zu sein.

„Be - wusst - sein"

Bewusstsein kommt von „Wissen“ das heißt, genau zu wissen was passiert. Wie oft hört man die Leute sagen „Tja, wenn ich das gewusst hätte!“ Genau darüber hätte man sich im Vorfeld bewusst sein sollen, was geschieht, wenn man bestimmte Dinge tut. Sein, ja sein oder nicht sein, das ist die Frage. Also ich bin lieber im Vollbesitz meiner gesamten Kräfte und lebe diese auch.

Legen Sie zusätzlich einen Holzscheit drauf

Wenn Sie wirklich warm haben möchten, das Feuer nicht ausgehen soll, müssen Sie einen Holzscheit mehr drauflegen als normal. Ein wenig mehr schafft mehr Wirklichkeit. Genau um die geht es, um Ihre eigene Wirklichkeit, mit all ihren Facetten. Halten Sie Ihr Feuer stets am Lodern.

Maßnahme Nr. 10: Maximalist werden

Schalten Sie den Turbo ein, das können Sie, haben Sie in Ihrem Leben sicher schon an der einen oder anderen Stelle bewiesen. Bei Ihnen ist womöglich das Bewusstsein zum Maximalismus verschüttet. Genau hier räumen wir jetzt auf. Denn das Leben ist per se immer Maximalismus. Lernen wir daraus und setzen dieses uralte Wissen für uns um.

Stellen Sie sich vor, die Natur wäre minimalistisch unterwegs

Welch ein Drama sich da auftun würde. Es würde nie Nacht werden, nicht richtig hell, keine Wärme und keine Kälte. Babys im Mutterleib nicht vollends entwickelt werden. Ihr Herz nicht richtig schlagen, die Füße würden Sie nicht mehr sicher tragen. Ihr Geist würde nur noch mit halber Leistung arbeiten. Undenkbar oder? Wie läuft denn alles ab? Doch stets unter Höchstleistung, das ist überhaupt keine Frage.

Es gibt Bereiche, da klappt es oder es hat geklappt

Es ist für Sie ja kein Neuland. Bitte halten Sie sofort fest, in welchen Bereichen Sie mit Vollgas unterwegs waren und welche Resultate daraus erzielt wurden. Zücken Sie Ihren Bleistift und los geht es mit der Frage, wo waren oder sind Sie Maximalist? Wieso ist oder war das so? Die Begründung ist wichtig, denn irgendetwas hat in Ihnen diesen Maximalismus ausgelöst. Welche Ergebnisse wurden daraus resultiert? Um die geht es letztlich.

Wo war ich Maximalist ?	Wieso?	Ergebnisse?
1.) ______________________	________________	________________

2.) ______________________ ________________ ________________

3.) ______________________ ________________ ________________

4.) ______________________ ________________ ________________

5.) ______________________ ________________ ________________

6.) ______________________ ________________ ________________

7.) ______________________ ________________ ________________

8.) ______________________ ________________ ________________

9.) ______________________ ________________ ________________

10.) _____________________ ________________ ________________

Spüren Sie den Geist der Verwirklichung und der unendlichen Größe in sich? Haben Sie gerade ein Wechselbad der Gefühle? Ich konnte es zwischendurch manchmal nicht fassen, wieso ich richtig gut war und dann abgefallen bin. Verstanden habe ich es später, mangelnde Ausdauer und keine Kontrolle, das waren die Probleme, die ich mir angelacht hatte. Es nutzt jedoch nichts in Trauer zu verfallen, sondern dies zur Kenntnis zu nehmen und weiter geht es mit Elan. Egal, wo Sie einmal standen, da kommen Sie wieder hin und noch weiter. Sie müssen die Handbremse lösen und Vollgas geben. Wenn nicht jetzt, ja wann dann? Jetzt reduzieren Sie es auf Ihre drei wichtigsten Punkte.

Wo war ich Maximalist ? **Wieso?** **Ergebnisse?**

1.) ______________________ ________________ ________________

2.) ____________________ _______________ _______________

3.) ____________________ _______________ _______________

Maximalismus, das Größte und Beste für Sie und Ihr Leben. Das sind Sie sich doch schuldig oder? Lassen Sie nichts Geringeres zu. Spüren Sie den Geist langsam in sich erwachen? Wenn Sie noch etwas unsicher sind, es Ihnen womöglich sogar Angst macht, ist das ein gutes Zeichen. Wenn Sie es locker sehen und es Sie womöglich nicht im geringsten berühren würde, hätte es keine Spannung. Dann wäre alles langweilig und ohne Inspiration für Ihr Dasein. Was ist Ihr wichtigster Punkt?

Wo war ich Maximalist ? **Wieso?** **Ergebnisse?**

1.) ____________________ _______________ _______________

Halten Sie bitte inne und baden Sie in diesem Wahnsinns-Gefühl. Gehen Sie völlig darin auf und freuen Sie sich darüber, dass Sie es können, es bereits oft bewiesen haben. Alles da ist, angelegt und darauf wartet, wieder zum Leben erweckt zu werden.

Fazit: ____

Nr. 11 Angst und nochmals Angst

Angst, was kann man damit alles machen? Man bringt die Leute damit in die Starre. Sie sind dann nicht fähig klar zu denken und zu handeln. Sind blockiert und genau da möchten die meisten Leute, die anderen wissen. Was für ein krasses Instrument, andere gefügig zu machen. Das fängt leider bereits in frühester Kindheit an.

Eltern sind leider oft die Ersten, die das üble Spiel beginnen

Da geht meistens ein Aufschrei durch die Reihen. Die Eltern gehen sofort in Opposition und wollen davon nichts wissen. Behaupten sogar, dass es nicht der Wahrheit entspricht. Klar doch, viele sind sich über das eigene Verhalten nicht bewusst. Das macht es noch gravierender. Kennen Sie die Aussage

„Wenn du nicht brav bist – hat dich Mami nicht mehr lieb!"

Wie übel ist dieses Spiel? Kinder zu absolutem Gehorsam zu erziehen und wenn sie nicht artig sind, unverzüglich mit Liebesentzug zu drohen.

Seit Generationen wird Angst und Schrecken verbreitet

Da gibt es Weltinstitutionen, die praktizieren diese Form seit Jahrhunderten. Mit der Angst wurden und werden die Menschen klein gehalten. Man droht ihnen mit dem Schlimmsten und all die unmündigen Bürger reagieren verschreckt darauf. Versuchen sich möglichst an die Gebote und Verbote zu halten.

Das Leben ist Freiheit und Fülle

Das Wort Freiheit muss groß geschrieben werden. Aber auch in diesem neuen Jahrhundert lebt ein Großteil der Menschen unter dem Joch von einigen wenigen. Die Freiheit ist noch lange nicht für jeden erreicht und ob das jemals gelingt, ist die Frage. Für Sie ist es wichtig, dies zu erkennen und sich dem Dilemma zu entsagen. Leben auch Sie ab sofort in der absoluten Freiheit.

Erfolg ist in unseren Breitengraden keine Tugend

Im Gegenteil, alles, was mit Erfolg zu tun hat, wird skeptisch angesehen. Mit rechten Dingen kann es sowieso nicht zu und her gegangen sein, wenn jemand Erfolg aufweist. Da müssen irgendwelche komischen Dinge abgelaufen sein, dass es jemand soweit gebracht hat.

Wovor haben Sie Angst

Wir alle leiden unter Ängsten. Latente und tief in unserem Unterbewusstsein vergrabene. Teilweise handelt es sich dabei sogar um die Urängste. Schauen wir uns einige davon an.

- Angst keinen Partner zu finden
- Angst verlassen zu werden
- Angst alleine zu sein
- Angst vor Krankheiten
- Angst zu sterben
- Angst vor Unglücken
- Angst keine Arbeit zu finden
- Angst die Arbeit zu verlieren
- Angst vor der Armut

Angst keinen Partner zu finden

Die Millionen von Singles sprechen eine klare und deutliche Sprache. Angst überwiegt an allen Ecken und Enden. Aber um einen Partner zu finden, muss man sich auf den Weg machen und darf nicht in den vier Wänden sitzend auf den großen Moment hoffen. Dass eines Tages der/die Traummann/Traumfrau an Ihrer Haustüre klingelt und sagt „Hallo mein Schatz, hier bin ich!" Wenn Sie vor dieser Thematik stehen, lesen Sie mein Buch „Ein Millionär als Traumpartner." Da finden Sie jede Menge großartiger Strategien, um genau das Problem für alle Zeiten zu lösen. Wie immer, keine Chance ohne aktiv zu werden, treffe auch hier eine Entscheidung.

Angst verlassen zu werden
Kaum hat man einen Partner, kommt die Angst ihn wieder zu verlieren. Anstatt uns voll und ganz der Beziehung hinzugeben, fürchten wir das, was kommen wird. Nach dem Motto „Ich habe es ja gleich gewusst, dass es nicht lang gut gehen kann!"

Angst alleine zu sein
Viele Menschen fühlen sich einsam und alleine, obwohl es auf der gesamten Erde Milliarden von Menschen gibt. Es gibt unendliche Möglichkeiten aus dem Dilemma Einsamkeit zu entkommen. Nur muss man sich auf den Weg machen und darf nicht warten, dass es sich von alleine löst. Sie sind jeweils zum Handeln aufgefordert, erkennen es. Das zieht sich wie ein roter Faden durch das Buch.

Angst vor Krankheiten
Wenn ich die Menschen frage, was sie tun, um da nicht hinzugelangen, ernte ich in der Regel ungläubiges Staunen. Von wegen „Man muss dafür was tun?" Es ist komisch, alles wird gepflegt. Aber mit der eigenen Gesundheit, wird sich kaum beschäftigt. Denn wie ein Auto zur Inspektion muss, die Wohnung gepflegt wird, benötigt das auch unser Körper, der Geist und die Seele.

Angst zu sterben
Das ist ein unangenehmer Gedanke und man möchte ihn am liebsten wegschieben. Auch ich denke nicht gerne daran. Was wird sein, wie wird es sein? Eine meiner nächsten Aufgaben ist, mich intensiv mit dem Thema auseinanderzusetzen und ein Buch zu schreiben. Der Tod wird kommen, ob wir das wollen oder nicht.

Angst vor Unglücken
Das ist unangenehm, mit diesem Gefühl herumzulaufen. Letzt-

lich birgt natürlich jedes Unternehmen eine gewisse Gefahr in sich. Mit der nötigen Vorsicht, verbunden mit einer gewissen Leichtigkeit, geht es besser vonstatten. Zu beachten ist bei diesen Dingen, auch die Wahrscheinlichkeit anzuschauen. Klar, wenn man Auto fährt, kann man verunglücken. Wenn Sie fliegen, können Sie abstürzen. Wenn Sie eine Schiffsreise buchen, können Sie untergehen. Wenn Sie Fahrrad fahren, können Sie stürzen oder an- und überfahren werden. Welch eine verrückte Ausgangsbasis. Folglich zu Hause bleiben, aber dort kann es ja zu einem Erdbeben kommen, das Haus einstürzen oder abbrennen.

Angst keine Arbeit zu finden

Da haben einige Leute eine gespaltene Einstellung dazu. Wehe, wenn man sich in das Dilemma verstrickt, da gibt es oft kein Entrinnen. Wenn ich keine Arbeit habe, biete ich meine Dienste in Form eines Praktikums an, bevor ich zu Hause bleibe. Lieber ein kostenloses Praktikum machen und Erfahrungen sammeln, dazu zu lernen und die Chance zu bekommen, eventuell übernommen zu werden. Bei dieser Empfehlung höre ich häufig „Ich bin doch nicht so blöd und arbeite gratis!" Nun denn, Sie haben die Wahl.

Angst die Arbeit zu verlieren

Welch ein Drama sich da abzeichnet. Zuerst ein Bibern, Zittern, bis man Arbeit hat und dann die Angst, diese zu verlieren. Das menschliche Leben ist schon verrückt. Vergleichbar mit einer riesigen Achterbahn, die hoffentlich irgendwann zum Stillstand gelangt. Das ist reine Utopie, das Spiel fängt permanent von vorne an. Deswegen heißt es für den Einzelnen, ob Angestellter oder Selbstständiger, sich permanent weiterzubilden.

Angst vor der Armut

Das ist ein unschönes Gefühl und gehört angegangen. Angst alles zu verlieren, ist ungut. Da heißt es voll dagegen steuern und niemals zu warten, bis die allgemeine Lähmung einsetzt. Es gehört aber auch dazu, seine Finanzen im Griff zu haben. Zu überlegen, wofür was investiert wird, und sich nach Möglichkeit zusätzliche, passive Einkommensströme aufzubauen, denn das gibt Sicherheit. Sicherheit gibt wiederum starkes Selbstvertrauen.

Was ängstigt und lähmt Sie

Haben Sie sich darüber jemals Gedanken gemacht oder ist es nur eine diffuse Wahrnehmung, aus dem Inneren kommend. Solange man die Angst nicht konkretisiert und sie schriftlich festhält, ist es unangenehm. Nun wollen wir die Ängste einzeln fixieren.

	Was ängstigt Sie?	Wieso?	Seit wann?
1.)	____________	____________	____________
2.)	____________	____________	____________
3.)	____________	____________	____________
4.)	____________	____________	____________
5.)	____________	____________	____________
6.)	____________	____________	____________
7.)	____________	____________	____________
8.)	____________	____________	____________
9.)	____________	____________	____________
10.)	____________	____________	____________

Wie ist es für Sie, wo Sie die Angst festgehalten haben? Sind Sie erstaunt, welche Ängste sich im Laufe der Jahre angesammelt haben? Erst wenn man sich hinsetzt und die Situation analysiert, merkt man, was sich angesammelt hat. Der Geist und vor allem die Seele leiden unter den Ängsten, das wirkt sich auf den Körper aus. Deswegen ist es Zeit, dass Sie sich damit befassen und für Abhilfe sorgen. Reduzieren Sie Ihre Ängste auf die drei Schlimmsten.

	Was ängstigt Sie?	**Wieso?**	**Seit wann?**
1.)	______________________	________________	________________
2.)	______________________	________________	________________
3.)	______________________	________________	________________

Bekommen Sie Herzklopfen und Unwohlsein? Womöglich feuchte Hände bei dem Gedanken, an diese unschöne Situation? Angst ist wie ein lähmendes Nervengift, welches den gesamten Organismus befällt und langsam aber sicher zerstört. Die Vitalfunktionen leiden darunter und irreparable Schädigungen können auftreten. Seien Sie froh, dass Sie endlich die Kurve bekommen haben. Es ist ein großer Moment für Sie. Jetzt halten Sie Ihre stärkste Angst fest.

	Was ängstigt Sie?	**Wieso?**	**Seit wann?**
1.)	______________________	________________	________________

Eines hat sich gezeigt, die Angst kommt nie alleine daher. Es sind kleine Ängste, die letztlich zu einem großen und beinahe unüberwindbaren Hindernis wachsen. Oft verursacht von einer tiefgründenden Hauptangst. Wie ist es für Sie, wo Sie die Arbeit gemacht haben? Was ist Ihr Fazit aus dem Ganzen?

Ihr Fazit: ____

Maßnahme Nr. 11: Mutig werden

Angst lähmt und blockiert, hindert Sie an Ihrem Fort- und Weiterkommen. Angst raubt Ihnen die Nachtruhe, die Konzentration auf das Wesentliche, macht krank. Bauen Sie Ihre Ängste ab, und lassen Sie sich von niemandem mehr Angst einjagen. Verbieten Sie sich das, diese ewigen Drohungen.

Überlegen Sie sich genau, welchen Grund es für Ihre Angst gibt

Machen Sie sich explizit Gedanken, um was für Ängste es sich handelt und worauf diese basieren. Nehmen Sie sich die Zeit, die Ursachen für diese Ängste zu ergründen. Woher kommen diese und wer oder was sind die Verursacher dafür?

	Wer sind die Verursacher?	Wieso?	Änderung?
1.)	______	______	______
2.)	______	______	______
3.)	______	______	______
4.)	______	______	______
5.)	______	______	______
6.)	______	______	______
7.)	______	______	______
8.)	______	______	______

9.) ______________ ______________ ______________

10.) ______________ ______________ ______________

Aus jeder Angst kann man entrinnen

Wie fühlen Sie sich, wo Sie Ihre Verursacher festgehalten haben? Sicherlich haben einige Punkte schon etwas von ihrem Schrecken verloren. Wenn man es aufgeschrieben hat, darüber reflektiert, löst sich manches in Wohlgefallen auf. Machen Sie sich immer Gedanken, woher kommt die Angst, ist diese berechtigt, gibt es überhaupt einen Grund dafür?

Ihr Fazit: ______________________________

Nr. 12: Keine Dankbarkeit

Dankbarkeit ist das „A und O“ für ein glückliches Leben. Ich bin geschockt, wie die Welt mit Undankbarem bestückt ist. Da wird gejammert und geklagt, dass sich die Balken biegen. Wie fatal und verrückt ist das? Das Einzige, was man damit erreicht, dass es einem noch schlechter geht. Das kann es doch wirklich nicht sein.

Wir haben allen Grund dankbar zu sein

Bei dieser Aussage schauen mich die meisten Menschen komisch an und starten in der Regel gleich mit Ja-aber durch. Dann kommt eine ganze Litanei an Geschichten, wieso man eben nicht dankbar sein kann. Es ist nicht zu fassen, dass man sich selbst so schadet.

Wieso ist es für Sie ein Muss, dankbar zu sein

Normalerweise bin ich ein absoluter Gegner von Aussagen, welche mit „Muss“ beginnen. Wie sagt der Volksmund treffend, es gibt nur ein „Muss“ das Sterben. Doch schauen wir uns die einzelnen Positionen an.

- Konnten Sie heute Morgen aufstehen
- Können Sie sehen
- Sind Sie in einer Wohnung/einem Haus aufgewacht
- Haben Sie schon etwas gegessen

Das sind einige der primären Grundsätze, schauen wir uns diese kurz explizit an, um auch da Verständnis zu entwickeln.

Konnten Sie heute Morgen aufstehen

Wenn ja, herzlichen Glückwunsch, Sie gehören zu den glücklichen Menschen, denen dies gelingt. Ohne sich Gedanken machen zu müssen, wie es ohne fremde Hilfe zu bewerkstelligen ist, wie wertvoll und wundervoll es ist, sich vorstehen zu können. Wenn Sie das nicht glauben, statten Sie einem Pflegeheim einen Besuch ab, damit Sie die andere Welt sehen. Es Ihnen bewusst wird, wie schnell sich die Welt drehen kann, eine Krankheit, ein Unfall und schon kann es soweit sein.

Können Sie sehen
Das ist selbstverständlich, solange man gut sehen kann, spielt das keine Rolle, geht es einem richtig gut und man ist happy. Stellen Sie sich vor, Sie verlieren Ihr Augenlicht, was wäre dann? Das würde sehr schnell alles verändern.

Sind Sie in einer Wohnung/einem Haus aufgewacht
Wenn ja, zählen Sie sich zu den Privilegierten. Eine Menge Leute haben kein Dach über dem Kopf. Sie müssen jeden Abend eine Schlafstätte suchen. Um diese Dinge müssen Sie sich keine Gedanken machen, sehen es als selbstverständlich an.

Haben Sie etwas gegessen
Die Wahrscheinlichkeit ist groß, dass Sie schon gegessen haben. Müssen Sie sich darüber Gedanken machen? Die meisten Menschen auf dieser Erde würden gerne mit Ihnen tauschen. Denn diese haben jeden Tag das große Problem, Essen zu besorgen. Sie aber gehen einkaufen, wenn Sie kein Geld besitzen, gibt es Suppenküchen, fast über das gesamte Land verteilt, die sogenannten Tafeln. Verhungern tun Sie bei uns wohl eher nicht.

Was denken Sie jetzt darüber
Darauf höre ich oft, dass es sich um banale Dinge handeln würde. Diese Sachen wirklich selbstverständlich sind und es sich nicht lohnt, darüber ein Wort zu verlieren. Ja, es ist selbstverständlich, solange es da ist. Aber wenn sich die Situation ändert, gewinnt es an Brisanz, werden die Karten neu gemischt.

Ich habe unendlich viele Probleme

Das wird gerne ins Feld geführt. Dass man viele Probleme hat und es einem deswegen schlecht geht. Was ist denn das für eine komische Variante? Wenn Sie ehrlich sind und den Problemen auf den Grund gehen, werden Sie feststellen, dass fast alle hausgemacht sind. Sie selbst sind der Verursacher der meisten Probleme.

Analysieren Sie Ihre Probleme und Sie werden dankbar

Wir wollen nicht hingehen und das so stehen lassen. Ich werde Ihnen auch nicht ein paar Beispiele im Vorfeld geben. Es geht um die Veränderung in Ihrem Leben und dazu ist es erforderlich, dass Sie aus sich rauskommen. Die Situation genauestens analysieren. Bringen Sie es auf den Punkt, schreiben Sie Ihre Probleme auf und wie es dazu kam.

Seien Sie dankbar, wieder eine Aufgabe zu erhalten

Vielleicht wollten Sie eben stöhnen, nach dem Motto „Oh nein, nicht schon wieder eine Aufgabe! Ich wollte doch in Ruhe lesen und nicht wieder Aufgaben lösen.“ Ohne, wird es aber kaum Veränderungen geben und das ist doch das, was Sie möchten oder? Endlich zum großen Erfolg gelangen und da ist es definitiv unabdingbar, sich mit seiner eigenen Person zu beschäftigen und das Leben zu analysieren. Schreiben Sie Ihre gesamten Probleme auf und wie es dazu kam. Daraus resultierend die Lösungen.

Die Probleme?	Wieso kam es dazu?	Die Lösungen?
1.) ____________	____________	____________
2.) ____________	____________	____________
3.) ____________	____________	____________
4.) ____________	____________	____________

5.) ______________________ ______________________ ________________

6.) ______________________ ______________________ ________________

7.) ______________________ ______________________ ________________

8.) ______________________ ______________________ ________________

9.) ______________________ ______________________ ________________

10.) ____________________ ______________________ ________________

Probleme kommen nicht aus heiterem Himmel, immer ist eine Ursache vorausgegangen, oder es wurde eine Aussaat getätigt. Dann kommt es eines Tages zum Tragen und dies ist der Moment, wo die Menschen erschrecken und es nicht wahrhaben wollen. Wenn Sie aber der Sache auf den Grund gehen, werden Sie bei allen Positionen feststellen, dass es mit Ihrer Person zu tun hat. Sie nicht Opfer sind, sondern zu der anderen Seite gehören. Bevor Sie das Ganze ablehnen und der Meinung sind, bei Ihnen ist es anders, schauen Sie sich Ihr Leben aus der Ferne an. Sie finden den berühmten roten Faden und werden sich mit Ihrem Muster erkennen. Nun reduzieren Sie es auf Ihre drei Hauptprobleme.

Die Probleme?	**Wieso kam es dazu?**	**Die Lösungen?**
1.) ______________________	______________________	________________
2.) ______________________	______________________	________________
3.) ______________________	______________________	________________

Schön, dass Sie die Probleme einkreisen und nach deren Lösung suchen. Hier höre ich häufig „Für meine Probleme gibt es keine

Lösung!" Das ist eine Lüge, für jedes Problem gibt es eine Lösung, aber vor lauter Bäumen sieht man den Wald nicht. Wenn Sie selbst nicht weiterkommen, holen Sie sich kompetente Hilfe. Ein Erfolgscoach hilft Ihnen schneller voranzukommen. Jetzt bringen Sie Ihr Hauptproblem auf den Punkt.

Die Probleme?	**Wieso kam es dazu?**	**Die Lösungen?**
1.) ___________	___________	___________

Wie fühlt es sich an? Die Generallösung ist, die Dankbarkeit auch für das Problem zu entwickeln. Das ist für viele völlig absurd, ist aber der Punkt, auf den es ankommt. Denn jedes Problem ist für Sie eine Hilfe, für Ihre Entwicklung. Ein Mensch ohne Probleme lebt nicht, bei ihm ist geistiger Stillstand vorhanden. Nur wer viel tut und macht, bewegt etwas in seinem Leben und hat daraus resultierend eine Menge Probleme. Der Unterschied von Erfolgreichen zu nicht Erfolgreichen ist klar, dass ein Erfolgreicher zügiger an die Lösung geht. Er macht aus einer Mücke keinen Elefanten, spricht auch nicht Tage, Wochen, womöglich sogar Jahre darüber und geht nicht damit schwanger. Es wird zur Kenntnis genommen, das Problem begrüßt und dann geht es sofort an die Lösung.

Ihr Fazit: ______________________________

Wenn Sie die Probleme neu angehen

Dann können Sie bereits im Vorfeld für alles dankbar sein, was da täglich auf Sie zukommt. Stets nach dem Motto

„Komme, was da wolle!"

Es spielt dann überhaupt keine Rolle. Sie sind dankbar und für alles gewappnet. Sie freuen sich sogar darauf und langweilen sich, wenn sich nichts tut, das heißt, wenn keine Probleme auftreten.

Maßnahme Nr. 12: Dankbarkeit leben

Daran müssen Sie dringend und permanent arbeiten. Das dürfen Sie auf keinen Fall so stehen lassen. Undankbar durchs Leben zu gehen, ist wie ein Bumerang, den man wirft und der postwendend, mit großer Wucht zurückkommt. Einen in der Regel genau dann trifft, wenn man nicht aufpasst.

Erfolgreiche sind sehr dankbar

Das ist ein absolutes Muss und deswegen heißt es konsequent damit fortfahren, ohne „Wenn und Aber." Sie haben alle Gründe dieser Erde, es Tag für Tag umzusetzen. Es gibt verschiedene Wege dahin zu kommen. Schauen wir uns ein paar davon an.

- Dankbarkeitsbuch schreiben
- Metapher: Die drei G's

Dankbarkeitsbuch schreiben

Ich gehe davon aus, dass Sie auf dem Weg zum Erfolgreichsein ein Erfolgsbuch schreiben. Dass dies für Sie eine Selbstverständlichkeit ist. Sie Tag für Tag jeden kleinen Erfolg schriftlich in Ihrem Erfolgsbuch festhalten. Sonst geht es unter und die Natur des Menschen ist leider auf das Negative fokussiert. Sie kennen es sicherlich, Sie erleben zehn traumhafte Dinge. Dann kommt ein Negatives dazu und was bleibt hängen? Ist doch klar, das Negative. Mit dem gehen Sie schwanger, tragen es mit sich herum. Das tauschen Sie mit anderen Menschen aus, anstatt die schönen Dinge zu sehen. Nebst dem Erfolgsbuch, haben Sie auch ein Dankbarkeitsbuch. Ich höre schon einige klagen, dass sie keine Zeit hätten. Welch eine Lüge, hören Sie damit auf, das stimmt nicht. Sie haben jeden Tag 24 Stunden zur Verfügung. Es gilt in erster Linie sich dafür die Zeit zu schaffen und zu reservieren. Wenn Sie damit anfangen, kommen Sie in Ihrem Leben wesentlich weiter. Ihr Unterbewusstsein wächst dadurch stark. Sie gewinnen eine andere und intensivere Beziehung zu sich selbst.

Metapher: Die drei G's

Metapher helfen uns, besser klarzukommen. Sie konditionieren uns auf Erfolg oder auf das, was wir ständig wiederholen. Wir dürfen nicht warten, dass etwas von selbst geschieht. Das passiert nicht, weil alte Programme in uns verankert sind. Wir haben nur eine Chance auf Veränderung, wenn wir uns entsprechend programmieren.

Hier die drei wundervollen G's

- Glücklich
- Gesund
- Gelassen

Sagen Sie sich während des Tages immer wieder „Ich bin absolut glücklich!" „Ich bin absolut gesund!" „Ich bin absolut gelassen!" Es handelt sich um eine klare Konditionierung, auf diese einzelnen Programme. Wir arbeiten intensiv damit, dass sich etwas anderes nicht manifestieren kann. Das liegt an uns alleine, hat nichts mit unserem Äußeren zu tun. Das müssen Sie wissen und fest in sich verankern. Alles hängt von Ihnen ab, was Sie denken und fühlen, daraus resultiert das Handeln.

Ich bin glücklich

Sie haben wirklich allen Grund dazu, führen Sie sich das immer vor Augen. Sagen Sie sich das permanent, dass Sie glücklich sind. Sollten Sie es aus welchen Gründen im Moment nicht sein, tun Sie es dennoch. Sie werden eines erleben, dass es Ihnen schlagartig besser geht. Ihr Leben gewinnt dadurch eine andere Dimension.

Ich bin gesund

Ja, ich bin gesund, ist eine dringliche Aussage für Sie. Auch wenn Sie gerade eine Störung haben. Oder sogar eine große Störung, welche die meisten als Krankheit bezeichnen. Eine kleine Empfehlung, nehmen Sie das Wort Krankheit nicht in den Mund, sprechen Sie lieber von einer Störung. Das hört sich weniger schlimm an. Arbeiten Sie dagegen an und Ihnen geht es tatsächlich besser.

Ich bin gelassen

Das hilft Ihnen, besser mit allem zurechtzukommen. Wenn Sie nicht gelassen sind, sich aufregen, verlieren Sie Ihre Contenance. Sie sind dafür verantwortlich, sich stets im Energieüberschuss zu bewegen. Das heißt, Sie haben Ihr Leben hundertprozentig im Griff und nicht die Umstände Sie.

Aufwand und Wirkung

Wissen Sie, was geschieht, wenn Sie sich von den Gegebenheiten treiben lassen, sich nicht auf Erfolg und das Weiterkommen programmieren? Es ist kurzsichtig, macht erreichte Erfolge kaputt, wirft Sie um Meilen zurück. Wie viel Energie verlieren Sie durch solch ein Verhalten? Das sind ein paar Sekunden, die viel zerstören und andererseits, wenn Sie Ihr Leben bestimmen, gewinnen Sie eine Menge Energie und Lebensfreude zurück.

Geben Sie sich die Chance

Das ist das Mindeste, was Sie tun können, sich die Chance zu geben und an den Aufgaben zu wachsen. Sie sind nun einmal für Ihr Training verantwortlich, nicht die anderen Menschen oder Umstände. Sie alleine sind der Master of Disaster, oder eben für Erfolg. Sie haben die Wahl, vergessen Sie das niemals.

Nr. 13: Keine Positionierung

Sie sind für Ihre Positionierung verantwortlich, dürfen niemals darauf warten, dass man Sie entdeckt. Da warten Sie in der Regel ein Leben lang. Sie nehmen Ihre Talente mit ins Grab und das ist fatal, genau das dürfen Sie niemals tun. Leben Sie all Ihre Fähigkeiten und das Ganze bitte noch zeitlebens.

Welche Positionierung legen Sie an den Tag

Haben Sie sich jemals darüber Gedanken gemacht, wie Sie nach außen wirken? Wenn ich das die Lehrgangsteilnehmer frage, höre ich oft „Ich hoffe gut!" Das Wort „hoffen" sollten Sie sofort und für immer aus Ihrem Vokabular streichen. Denn auf Hoffnung lässt sich nichts aufbauen. Hoffnung ist Passivität und ist das, wovon die meisten Menschen träumen, dass ihnen die gebratenen Tauben in den Mund fliegen, genau das tun sie definitiv nicht.

Wie wirken Sie nach innen

Stellen Sie sich auch diese Frage. Wie wirken Sie nach innen? Der erste Schritt, um die eigene Positionierung zu analysieren, ist wie wirken Sie nach innen? Wie sehen Sie sich? Da ist dringlich, sich darüber Gedanken zu machen, und damit wollen wir uns sofort beschäftigen. Schreiben Sie auf, wie Sie auf sich wirken? Wieso das so ist und seit wann Sie das so sehen.

Wie wirken Sie auf sich?	Wieso?	Seit wann?
1.) ____________	____________	____________
2.) ____________	____________	____________
3.) ____________	____________	____________

4.) ______________________ ________________ ________________

5.) ______________________ ________________ ________________

6.) ______________________ ________________ ________________

7.) ______________________ ________________ ________________

8.) ______________________ ________________ ________________

9.) ______________________ ________________ ________________

10.) _____________________ ________________ ________________

Wie war es für Sie? Hierauf erhalte ich häufig zur Antwort „Sehr schwer!" Wie wollen Sie für sich die optimale Positionierung einnehmen, wenn Sie von sich selbst im Inneren noch keine oder nur diffuse Positionierung Ihr Eigen nennen? Das ist ungut und natürlich auf der anderen Seite zu verstehen, weil wir das nicht gewohnt sind. Es uns anerzogen wurde, uns selbst nicht so wichtig zu nehmen. Ja, die anderen versuchen uns natürlich dahin zu beamen, wo es für diese bequem ist. Das ist in der Regel nie die optimale Variante für uns. Deswegen müssen wir uns auf den Weg machen. Wir sind für uns verantwortlich, da sollten wir uns immer wieder an diesen Satz halten

„Habe stets eine hohe Meinung von dir!"

Sie benötigen von sich die höchste Meinung. Das hat nichts mit Eingebildetheit zu tun. Es geht um Ihre eigene Positionierung, tief in Ihrem Inneren und da müssen die Dinge klar, konkret, messbar und unmissverständlich sein. Nicht warten, sondern selbst aktiv in die Hand nehmen. Das gibt Ihnen Power und Elan. Da passt das wundervolle Sprichwort

„So wie innen, so außen!"

Das ist gewaltig, wenn man sich dessen erstmals bewusst wird. Sie wirken nach außen nur, wie Sie nach innen wirken. Jetzt reduzieren Sie es auf Ihre drei wichtigsten Bereiche. Wo wirken Sie am Stärksten auf sich?

Wie wirken Sie auf sich?	**Wieso?**	**Seit wann?**
1.) ____________________	________________	________________
2.) ____________________	________________	________________
3.) ____________________	________________	________________

Wie ist es für Sie? Wie gehen Sie damit um? Baut es Sie auf, oder ist es eher beängstigend? Egal, was es ist, Sie haben womöglich heute einen großen Schritt in Ihrem Leben getan. Ihre Wirkung nach innen festgehalten, darauf lässt sich super aufbauen. Jetzt reduzieren Sie es auf Ihren Hauptpunkt.

Wie wirken Sie auf sich?	**Wieso?**	**Seit wann?**
1.) ____________________	________________	________________

Klasse, dass Sie erneut die Aufgaben gemacht haben. Wunderbar, dass Sie den berühmten Perfektionismus abgelegt haben, dieser ist von übel. Wichtig ist, dass Sie daran arbeiten. Nochmals, es gibt nur einen einzigen Moment in Ihrem Leben, wo Sie perfekt sind, den wollen wir aber weit wegschieben, meinen Sie nicht auch?

Ihr Fazit: ____

Wenn Sie noch nicht sicher sind

Arbeiten Sie an sich, machen Sie sich täglich darüber Gedanken. Wenn Sie alleine nicht weiterkommen, was in der Regel meist der

Fall ist, holen Sie sich Hilfe von einem Erfolgscoach. Wir haben uns darauf spezialisiert, Menschen zu helfen, sich selbst zu finden. Die großen Fragen gemeinsam zu erarbeiten

- Wer bin ich?
- Wer bin ich wirklich?
- Was will ich?
- Was will ich nie mehr?
- Wofür lebe ich?
- Was macht mir am meisten Freude?
- Und noch viele weitere Fragen............

Sich helfen lassen ist keine Schande, sondern ein Zeichen von Stärke. Deswegen stehen Sie unbedingt zu sich und freuen sich darüber, dadurch in Ihrem Leben weiterzukommen.

Wie wirken Sie nach außen

Das ist die nächste Frage, die sich auftut. So wie Sie nach innen wirken, haben Sie dadurch automatisch die Wirkung nach außen. Hier haben wir häufig eine Diskrepanz. Viele Menschen möchten nach außen schön wirken und vergessen dabei, dass es auf die eigene Ausstrahlung ankommt. Diese kommt nun einmal von innen. Halten Sie fest, wie Sie nach außen wirken, wieso das so ist und seit wann.

	Wirkung nach außen?	Wieso?	Seit wann?
1.)	____________________	________________	________________
2.)	____________________	________________	________________
3.)	____________________	________________	________________
4.)	____________________	________________	________________

5.) ______________________ ________________ ________________

6.) ______________________ ________________ ________________

7.) ______________________ ________________ ________________

8.) ______________________ ________________ ________________

9.) ______________________ ________________ ________________

10.) ____________________ ________________ ________________

„Ich möchte gerne, dass die anderen Menschen mich so und so sehen," das ist oft die Einleitung. Aber was nützt das, was Sie möchten und was schlussendlich sein wird? Über eines sollten Sie sich im Klaren sein, Sie wirken so oder so. Das ist das Fatale und Verrückte zugleich, Sie können nicht, nicht wirken. Keine Chance, darum ist es wichtig, dass Sie sehr gut auf Ihr Inneres aufpassen. Wenn es da stimmig ist, ist es dies auch im Außen. Bei dieser Aufgabe höre ich häufig, dass es schwer wäre, da man ja nicht wüsste, was die anderen von einem denken. Jetzt reduzieren Sie es auf Ihre drei Bereiche, wo Sie denken, dass Sie so wirken.

Wirkung nach außen?	**Wieso?**	**Seit wann?**
1.) ______________________	________________	________________
2.) ______________________	________________	________________
3.) ______________________	________________	________________

Was haben Sie für ein Feeling? Ist es für Sie erbauend und stärkend, oder eher das Gegenteil davon? Wie wirken Sie am Stärksten nach außen? Wieso glauben Sie das, und seit wann ist das so?

Wirkung nach außen? **Wieso?** **Seit wann?**

1.) ______________________ ________________ ________________

Wenn Sie das anschauen, ist es wirklich die Wirkung, welche Sie gerne nach außen zeigen? Ist es das, was Sie überhaupt wollen? Dies gilt es genauestens unter die Lupe zu nehmen. Wenn Sie das nicht tun, stochern Sie im berühmten Nebel herum, und das ist doch fatal.

Ihr Fazit: ____

Maßnahme Nr. 13: Positionierung entwickeln

Arbeiten Sie intensiv daran, denn Ihre Positionierung entspricht Ihrem Image. Welches Image legen Sie an den Tag? Wie kommt das rüber? Welche Positionierung haben Sie für sich eingenommen? Wo haben Sie sich als Experte positioniert?

Welchen Status geben Sie sich

Sie sind es selbst, der dafür verantwortlich ist und Sie werden es für alle Zeiten bleiben. Es sind niemals die anderen, die dafür zuständig sind. Schlimm, nein man muss es nur wissen. Je mehr Sie wissen, desto besser können Sie es einsetzen und zum Erfolg bringen, es liegt an Ihnen.

Testen Sie verschiedene Positionierungen aus

Oft höre ich, dass es nicht leicht ist, sich entsprechend zu positionieren. Wissen Sie, was noch schlimmer ist, sich überhaupt nicht zu positionieren. Das ist das Schlimmste, was man machen kann. Denn genau durch dieses Verhalten hat man sich bereits positioniert. Finden Sie die für Sie ideale Linie heraus. Dazu ist es erforderlich, verschiedene Dinge zu testen.

Legen Sie sich fest

Wenn Sie sich dann festgelegt haben, geht es Ihnen wesentlich besser. Dadurch wissen und kennen Sie endlich den Weg, den es zu gehen gilt. Fangen Sie heute noch damit an, es geht um das Anfangen und nicht um das Warten.

Seien Sie mutig

Gehen Sie mit dem notwendigen Mut an die Arbeit. Mut und keine Angst, egal was folgen wird. Sie können nur gewinnen und das sollten Sie sich in Ihrem Inneren verankern, dass dem Mutigen die Welt gehört. Dies war schon immer so, und wird auch so bleiben.

Jetzt gilt es

Sagen Sie sich das permanent, wenn es gilt, gilt es und dies mit aller Konsequenz. Ihre Positionierung und das daraus resultierende Image sind von höchster Priorität. Ich freue mich sehr für Sie, wenn Sie es konsequent umsetzen. Zu dem Thema habe ich ein Hörbuch besprochen, mit dem Titel

„Positionierung und Image!"

Dieses Hörbuch ist äußerst lehrreich. Sie können es sich zu jeder Tageszeit anhören und lernen mit jedem Abspielen. Sei es im Auto, in den Pausen, in öffentlichen Verkehrsmitteln, morgens im Bad und so weiter.

Nr. 14: Keine Checklisten

Checklisten sind das A und O, um alles im Griff zu haben. Wenn Sie nicht aufpassen, vergessen Sie mit Sicherheit das eine oder andere. Schauen wir uns kurz Piloten an, sind das kluge Menschen? Aber ja doch, denn es gilt als Pilot einiges zu beachten, sonst war es womöglich der letzte Flug. Piloten arbeiten ausnahmslos alle mit Checklisten, um die Kontrolle zu haben.

Arbeiten auch Sie mit Checklisten

Bei dieser Frage schauen mich die meisten entgeistert an. Für viele ist es nahezu unerklärlich, dass man mit Checklisten schneller vorankommt. Ja, im Alltag werden sie vielleicht genutzt, als Einkaufs-Checkliste, um nichts zu vergessen. Das erleichtert Ihnen das Leben. Doch genauso sollten Sie es auch für die wirklich wichtigen Dinge in Ihrem Leben handhaben, erst recht, wenn Sie im Business stehen.

Erfolg setzt sich aus kleinen Einheiten zusammen

Die Mehrheit der Menschen glaubt stets, dass man eine Sache erfinden müsste, dann geht die Post ab, dem ist nicht so. Da sind einige Parameter mehr, die zum Tragen kommen. Nicht so leicht, um nicht zu sagen unmöglich, den Überblick zu behalten. Das ist auch nicht Sinn der Sache, alles im Kopf zu behalten.

Führen Sie Ihre eigenen Checklisten

Das ist nicht schwierig, halten Sie alles fest, worauf es ankommt. Jeder einzelne Punkt wird aufgeführt, dann können Sie eins nach dem anderen abhaken. Das gibt ein gutes und sicheres Gefühl, stets in der Kontrolle zu sein

Machen Sie keine Doktorarbeit

Bringen Sie es schnell auf den Punkt. Keine Doktorarbeit und Perfektionismus an den Tag legen. Wenn Sie das tun, werden Sie nie fertig und dadurch ist schon im Vorfeld, Ihr Vorhaben zum Scheitern verurteilt. Ist es das, was Sie tatsächlich möchten? Ich kann es mir nicht vorstellen. Sie möchten doch ab sofort schnell zum Erfolg gelangen. In sieben Meilenschritten von einem Erfolg zum anderen wandeln.

Arbeiten Sie täglich mit Ihren Checklisten

Gewöhnen Sie sich daran und es geht Ihnen dadurch leichter von der Hand. Ihre Erfolge sind Ihnen gewiss. Beachten Sie, eine einmal erstellte Checkliste gilt nicht für alle Zeiten. Änderungen sind erwünscht und das ist heute, mit dem Computer kein Problem. Änderungen können so jederzeit vorgenommen werden.

Maßnahme Nr. 14: Checklisten nutzen

Arbeiten Sie ab sofort nur noch mit Checklisten. Das erleichtert Ihnen Ihr Dasein hier auf Erden um einiges. Diese sind wichtig, wenn man im Leben etwas erreichen will, um seinen großen Zielen Stück für Stück näher zu kommen. In vielen Berufen sind diese Listen ein absolutes „Muss!“

Besorgen Sie sich ein edles Buch

Gehen Sie noch heute in ein Schreibwarengeschäft oder bestellen sich übers Internet ein schönes, ansprechendes Buch. Das dürfte kein all zu großer Akt sein. Es sollte ein Buch sein, welches Sie gerne in die Hand nehmen und in dem Sie Ihre Checklisten, für die verschiedensten Bereiche erstellen. Dadurch sind Sie auf der sicheren Seite, haben immer sofort alles greifbar.

Warum ein Buch und keine Blätter

Lose Blätter oder Zettel gehen leicht verloren. Man verlegt diese oder sie landen im Eifer des Gefechts im Papierkorb. Ein Buch kann man schnell greifen, und darin sind alle wichtigen Checklisten enthalten. Für alle Projekte ist alles greifbar, das spart Zeit, denn man muss nicht lange suchen.

Checklisten erleichtern Ihnen das Leben

Schnell werden Sie sich daran gewöhnen, Ihre Checklisten zu führen. Dadurch sind Sie stets in der Lage, notwenige Kurskorrekturen vorzunehmen. Auf die kommt es an, wenn man in seinem Leben weiterkommen möchte.

Nr. 15: Keine Kontrolle

Genau da stürzen die meisten ins Bodenlose. Ziele zu entwickeln geht noch, in Träumen zu schwelgen ist leicht. Daraus eine Planung zu machen, da wird es schwierig. Planen, ohne anzufangen, ist eine Katastrophe, das Tun klappt mehr oder weniger. Nur bei der Kontrolle, da wird es schwierig. Dabei ist das ein dringlicher Akt, es ist der berühmte krönende Abschluss, welcher sein muss.

Kontrolle ist lästig

Die meisten Menschen halten die Kontrolle für überflüssig, das ist gefährlich. Hier heißt es unbedingt dagegen halten. Ohne Kontrolle wissen Sie niemals, wie viel der Wegstrecke Sie gegangen sind. Das ist sehr schade und wird Sie ohne Umwege vom Erfolg wegführen.

Kontroller sind äußerst unbeliebt

Die Kontroller in einer Firma sind sehr unbeliebt. Diese haben die Tendenz, den Finger in die Wunden zu legen. Das ist äußerst unangenehm. Kontroller fordern von einem ein exaktes und vor allem ergebnisorientiertes Arbeiten. Anstatt man froh ist, dass es Kontroller gibt, werden sie oft bekämpft. Als Gegner angeschaut, dabei sind es die Kontroller, welche checken, dass die Firma auf Kurs läuft. Deswegen ist es für Sie persönlich erforderlich, dass Sie darauf achten, Ihre Fortschritte zu dokumentieren und jede Störung und Abweichung davon, sofort zu erfassen und Gegenmaßnahmen einzuleiten. Denn vieles duldet keinen Aufschub.

Führen Sie täglich Kontrollen durch

Gewöhnen Sie es sich als letzten Akt jeden Abend an, eine Kontrolle mit den folgenden Fragen durchzuführen.

1. Was habe ich heute getan, um meinem Ziel näher zu kommen?
2. Was habe ich heute getan, was mich von meinem Ziel entfernt hat?
3. Wer waren heute die Zeitdiebe?
4. Wie hätte ich mehr Effizienz an den Tag legen können?
5. Wer kann mir helfen, noch schneller und besser zu werden?

Frage 1

Wenn Sie nicht täglich etwas tun, um Ihren Zielen näher zu kommen, wird es länger dauern, bis der Erfolg kommt. Dabei haben wir ein großes Problem, der Zeitfaktor spricht gegen uns. Unsere Lebenszeit ist auf Erden stark limitiert. Darum heißt es in der Tat, bewegen Sie sich unbedingt mit Vollgas durchs Leben.

Frage 2

Das gilt es zu durchleuchten, denn in der Regel tun wir einige Dinge, die uns von unseren Zielen entfernen. Wir können diesen Momenten habhaft werden, wenn wir ihnen ins Auge schauen. Solange wir uns auf das berühmte Gefühl oder die Gefühle verlassen, sind wir in der Tat verlassen.

Frage 3

Kennen Sie die Zeitdiebe? Das sind furchtbare Gesellen, welche uns unsere Zeit stehlen, schrecklich diese Typen. Sie klauen unsere Zeit, und bevor wir es richtig merken, sind wieder einige Stunden vergangen. Da müssen Sie mit aller Vehemenz aufpassen. Die Zeitdiebe klar, konkret, messbar und unmissverständlich für alle Zeiten beim Namen nennen. Dadurch haben wir die Chance, wenn sie erneut auftreten, diese sofort zu erkennen und ein klares Nein auszusprechen. Schauen wir uns einige der Zeitdiebe an.

- Kollegen
- Kunden

- Freunde
- Familie
- Internet
- Zeitungen/Zeitschriften/TV

Kollegen
Könntest du mal schnell? Nein, und nochmals nein, Sie können nicht. Bei Kollegen gilt es aufzupassen, arbeiten Sie bei geschlossener Türe. Führen Sie nie die Kultur der offenen Türen ein. Es gibt bestimmte Sprechzeiten für Ihre Kollegen. Ansonsten wird auch nicht schnell zum Hörer gegriffen, sondern per E-Mail kommuniziert. Die Firmen, die ich coache, bei denen ich es eingeführt habe, da ist es richtig großartig geworden.

Kunden
Manche Kunden sind schrecklich, Hunderte von Fragen und wenn die alle beantwortet sind, geht es von vorne los. Schaut man die Umsätze der Kunden an, muss man feststellen, dass es in keiner Relation steht. Die Kunden, welche richtige Umsätze machen, sind unkompliziert. Limitieren Sie Ihre Zeit und sagen Sie das im Vorfeld dem Kunden, als Beispiel „Herr Müller, gerne erkläre ich ihnen das, ich habe für Sie 15 Minuten reserviert." So kann sich der Kunde darauf einstellen, Sie müssen sich dann unbedingt an die Zeitangabe halten.

Freunde
Das sind besondere Spezies, da gibt es etliche Zeitdiebe, vor allem die Jammernden und Klagenden. Frauen sind hier sehr prädestiniert, weil viele dies offensichtlich machen, doch die Männer ziehen nach. Ich bin mir sicher, Sie kennen auch ein paar dieser Spezies. Bei jedem Treffen, jedem Anruf, immer wieder die gleichen Geschichten. Klemmen Sie es ab, schauen Sie auf die Uhr.

Familie

Kennen Sie die Strukturen in Ihrer Familie? Da gibt es welche, die sind am machen und tun, dazu zähle ich vor allem Frauen. Der Rest der Familie lässt sich bedienen und sieht alles als reine Selbstverständlichkeit an. Das gleiche Phänomen, wenn Frauen ihre alte Mutter pflegen. Ich bin erstaunt, wie viele Mütter eine so hohe Erwartungshaltung an den Tag legen. Wird diese nicht erfüllt, ist der Weg in die Schikane und Krankheiten nicht weit.

Internet

Das ist die Oberfalle an Zeitvernichtung, da bin ich auch dabei. Wenn ich mich nicht zeitlich limitiere, habe ich verloren. Dann geht die halbe Nacht drauf. Bei allem was Sie tun, setzen Sie sich eine zeitliche Grenze. Das Internet ist dermaßen spannend und aufregend, dass man Zeit und Raum vergisst.

Zeitungen/Zeitschriften/TV

Es gibt spannende Lektüren, da vergeht die Zeit zügig. Wenn ich manche Leute anschaue, die alles von hinten bis vorne lesen, als müsste jeder einzelne Buchstabe aufgesaugt werden, das ist verrückt. Nehmen Sie für sich die wichtigsten Passagen, alles andere können Sie ruhig überfliegen oder auch mal ungelesen lassen. Genauso den TV-Konsum, überlegen Sie, ob die seichte Berieselung sein muss. Natürlich spricht nichts gegen eine kurze Entspannung, doch schnell sind zwei Stunden kostbare Lebenszeit regelrecht weggedümpelt und die Frage ist, ob Sie sich danach besser fühlen.

Frage 4

Fragen Sie sich das permanent, wie Sie mehr Effizienz an den Tag legen können. Was zum Schluss zählt, sind die reinen Ergebnisse und nichts anderes, es ist nicht der Wunsch oder sonst etwas. In kürzester Zeit möglichst viel bewegen.

Frage 5
Das gehört zur Kontrolle, zu hinterfragen, wer könnte mir helfen, noch effizienter zu werden? Wen gibt es, der mich an die Hand nimmt. Ich kann Ihnen nur einen Erfolgscoach ans Herz legen. Dieser hilft Ihnen schneller voranzukommen, die einzelnen Schritte und die Kontrolle zu überwachen.

Was müssen Sie kontrollieren

Es gibt etliche Bereiche, welche Sie unter Kontrolle halten müssen. Denn nur in der Ganzheit haben Sie die Chance, zu einem großen Macher zu werden. Es ist viel zu wichtig für Sie und Ihr Leben. Sie müssen immer die Oberhand behalten. Niemals die Umstände oder womöglich sogar andere Menschen. Halten Sie fest, was Sie kontrollieren, wieso das wichtig ist und wann Sie starten.

Ich kontrolliere Folgendes?	Wieso?	Ab wann?
1.) ____________________	____________________	____________________
2.) ____________________	____________________	____________________
3.) ____________________	____________________	____________________
4.) ____________________	____________________	____________________
5.) ____________________	____________________	____________________
6.) ____________________	____________________	____________________
7.) ____________________	____________________	____________________
8.) ____________________	____________________	____________________
9.) ____________________	____________________	____________________

10.) ______________________ ________________ ________________

Es ist krass zu sehen, wie viele Bereiche unter Kontrolle stehen müssen. Es ist ein Zusammenspiel von mehreren Faktoren, die das Ganze ausmachen. Erfolg ist eine Vielzahl von kleinen Ergebnissen. Es ist spannend, sich damit zu befassen. Ich freue mich für Sie, dass Sie es verstehen, begreifen und täglich für sich und Ihren Erfolg umsetzen. Es nie wieder eine Frage der Lust oder Unlust ist. Nun reduzieren Sie die zehn Bereiche auf drei elementarsten.

Ich kontrolliere Folgendes? Wieso? Ab wann?

1.) ______________________ ________________ ________________

2.) ______________________ ________________ ________________

3.) ______________________ ________________ ________________

Wenn Sie diese drei Bereiche anschauen, welche davon haben Sie jemals kontrolliert? Wenn Sie ehrlich sind, höchstwahrscheinlich noch nie. Oder einmal sporadisch und das ist zu wenig. Bringen Sie es auf den Punkt, was muss Ihrer Hauptkontrolle unterliegen?

Ich kontrolliere Folgendes? Wieso? Ab wann?

1.) ______________________ ________________ ________________

Es ist der wichtigste Bereich, den Sie im Griff haben müssen. Ohne diesen geht es definitiv nicht, und wenn Sie ihn vernachlässigen, haben Sie wie oft ein Erfolgsproblem. Oder mit anderen Worten, Sie könnten in Ihrem Leben schon weiter sein.

Ihr Fazit: ____

Maßnahme Nr. 15: Kontrolle positiv gestalten

Bei dem Wort Gegenmaßnahmen muss ich schmunzeln, das hört sich doch cool an. Eine Maßnahme zu treffen ist das Tollste, was es gibt. Maß nehmen, loslegen und sich nicht beirren lassen. Gibt es etwas Schöneres? Bestimmt nicht, genau darin liegt der berühmte Segen des Erfolges.

Morgens, mittags und abends

Das sind die drei Bereiche, wo Sie eine kurze Kontrolle durchführen sollten. Überprüfen, ob Sie auf dem richtigen Weg sind. Sonst passiert es schnell, dass man sich auf Abwegen befindet. Oder noch schlimmer, ein gänzlicher Stillstand. Das Leben ist in jeder Hinsicht Bewegung und durch nichts zu ersetzen.

Morgens

Wenn Sie aufstehen, nehmen Sie Ihre Checkliste oder noch effizienter Ihr Mind Map zur Hand. Sie überprüfen, was einen Tag zuvor alles gelaufen ist. Dann all das, was am heutigen Tag anliegt. Das ist der erste Schritt frühmorgens, nicht loslegen, sondern nachdenken und überprüfen. Erst wenn Sie in Gedanken nochmals jeden Schritt durchgegangen sind, starten Sie.

Mittags

Checken Sie, ob Sie all das, was Sie sich morgens vorgenommen hatten, erfüllt haben. Wenn ja, wunderbar, wenn nein, ändern Sie es. So sind durch die Kontrolle mittags, unter Umständen nur wenige Stunden verloren gegangen. Das ist nicht schlimm, denn 12 Stunden liegen noch bis um Mitternacht vor Ihnen.

Abends

Wie heißt es treffend, der krönende Abschluss des Tages. Hier gehen Sie alles durch, schreiben auf, wo Sie eine Meisterleistung vollbracht haben. Genauso halten Sie fest, was eventuell unter den Tisch gefallen ist. Damit Sie es seelisch und geistig verinnerlichen. Sich die berühmten Heinzelmännchen nachts intensiv mit den Parametern beschäftigen können. Dadurch sind Sie für den nächsten Tag konditioniert.

Am Ende der Woche die nächste große Kontrolle

Je nachdem, wie Sie es sich einteilen möchten, ob Sie eine 5- oder vielleicht sogar 7-Tage-Woche haben. Auf alle Fälle ist es erforderlich, dass Sie am Wochenende Bilanz ziehen, die berühmte große Bilanz. Da überprüfen Sie, was Sie diese Woche erledigt haben. Ob Sie die gesteckten Ziele erreicht haben oder wo etwas fehlt. Das Fehlende übertragen Sie sofort in die neue Woche, damit es erledigt wird. Der Vorteil ist, wenn Sie Ihre Woche bereits am Freitagabend bilanzieren, können Sie die nächsten zwei Tage noch etwas erledigen.

Hier höre ich häufig „Ich brauche auch einmal frei!“ Das ist völlig in Ordnung. Frage ist natürlich, wo möchten Sie in Ihrem Leben hinkommen? Was möchten Sie alles erreichen? Wenn Sie höhere Ansprüche an Ihr Leben haben, ist es erforderlich, dass Sie mehr leisten als andere. Hier sollten Sie sich ausschließlich an den Erfolgreichen messen.

Nächste Kontrolle am Ende des Monats

Am Monatsende, da sind im Schnitt vier Wochen oder rund 30 Tage vergangen, an denen Sie viele Chancen hatten. Dadurch ergibt sich eine größere Kontrolle. Nehmen Sie sich dafür drei bis vier Stunden Zeit. Denn Sie wissen ja selbst, das Jahr ist in 12 Monate aufgeteilt und diese sind rasend schnell vorbei. Wenn der erste Monat vorbei ist, können Sie überprüfen, was sich getan hat. Wo es fehlt und diese Parameter sollten Sie für den neuen Monat aufnehmen, dann mit vollem Elan loslegen. Von Monat zu Monat gehen Sie den kontrollierten Weg.

Große Kontrolle Ende des Jahres

Die größte Kontrolle folgt am Jahresende. Das ist der Moment, an dem Sie in die berühmte Jahresklausurtagung gehen. All das überprüfen, was sich getan hat und wo es klemmt. Für diese Aufgabe sollten Sie sich drei Tage Zeit nehmen. Es ist empfehlenswert, dies in einer Gruppe mit Anleitung zu machen, da es gilt, die Positionen zu überprüfen. Das ist kein leichtes Unterfangen und alleine fast nicht zu bewältigen. Deswegen führen wir einmal im Jahr eine professionelle Jahresklausurtagung durch. Darauf folgend vierteljährlich, um stets in der Kontrolle zu sein.

Nr. 16: Keine Belohnung

Ein weiterer Punkt ist, sich keine Belohnung zu geben. Kleine Kinder werden für ihre Taten gelobt und erhalten womöglich dafür eine Belohnung. Wenn wir älter werden, erhalten wir fast keine Belohnung und kein Lob. Ergo liegt es doch an uns, es selbst zu tun.

Wer ist für die Belohnung zuständig

Schauen Sie in den Spiegel und dort werden Sie die Person sehen, die für die Belohnung zuständig ist. Sie sind dafür zuständig und kein anderer Mensch, niemand kann Ihnen das abnehmen. Ist das nicht wunderbar? Es ist schrecklich und traurig, wenn man das nicht rafft. Viele warten und hoffen, da höre ich öfters „Ja, mein Chef lobt mich nicht!" „Mein Partner lobt mich nicht!" „Meine Kunden loben mich nicht!" Sie sind derjenige, der darauf zu achten hat, kein anderer wird das für Sie tun. Gehen Sie davon aus, dass die meisten so mit sich selbst beschäftigt sind, dass sie keine Zeit oder keinen Drive haben, sich damit zu befassen.

Loben ist auch eine Belohnung

Jedes noch so kleine Lob ist eine Belohnung. Aber wir nehmen es oft nicht wahr. Wir sind in manchen Dingen derart abgestumpft, dass einiges unterhalb unserer Wahrnehmungsschwelle liegt. Aus diesem Grunde hat sich bewährt, dass Sie Ihr persönliches Erfolgsbuch führen. Dort halten Sie jeden einzelnen Punkt fest. Im Laufe der Zeit entsteht ein großes Werk und Sie können stolz auf sich und Ihre geleistete Arbeit sein.

Halten Sie alles fest

Nicht nur machen und tun, sondern innehalten und sich über die Erfolge freuen. Mögen sie klein sein, aber viele kleine Punkte ergeben die große Geschichte und um die geht es schlussendlich.

Das Leben ist Größe, Hülle und Fülle. Niemals Mangel und dafür sind Sie verantwortlich, das müssen Sie managen. Am Anfang mag es für Sie komisch sein, im Laufe der Zeit gewöhnen Sie sich daran, dass es zur Selbstverständlichkeit wird.

Für was müssten Sie sich belohnen

Hier höre ich „Eigentlich für nichts!" „Wieso denn?" „Ach, ich habe doch nichts Besonderes geleistet." Schade, wenn man keine hohe Meinung von sich hat. Das ist das Größte, was Sie als Mensch überhaupt haben können. Eine hohe Meinung von sich, Ihrem Leben, Ihrer Leistung und Ihrem Sein.

Schreiten wir zur Tat

Wir gehören zu den Praktikern und Machern. Darauf sind wir stolz und da bleiben wir hundertprozentig dran. Wir sind glücklich darüber, dass wir uns an die Schriftlichkeit gewöhnt haben. Es ist zu einem Teil von unserem Leben geworden und das behalten wir bei. Schreiben Sie auf, wofür Sie sich belohnen müssen. Wieso das so ist und womit.

	Belohnung für was?	Wieso?	Womit?
1.)	______	______	______
2.)	______	______	______
3.)	______	______	______
4.)	______	______	______
5.)	______	______	______
6.)	______	______	______

7.) ______________________ ________________ ________________

8.) ______________________ ________________ ________________

9.) ______________________ ________________ ________________

10.) _____________________ ________________ ________________

Bitte kein Minimalismus sondern stets Maximalismus. Haben Sie Ihre zehn Punkte festgehalten? Wenn nicht, gehen Sie in die Vergangenheit, dort werden Sie fündig. Es gibt Dinge, die Sie getan haben, die es wert sind, wirklich belohnt zu werden. Sollte es Ihnen schwerfallen, weil die Tage, Wochen, Monate und Jahre ohne nennenswerte Ergebnisse, wie Sand zwischen den Händen zerronnen sind, ist das schade. Da müssen Sie unbedingt eine Änderung herbeiführen. Jeder Tag muss für Sie großartig sein, dass es sich lohnt, dafür belohnt zu werden.

Vielleicht halten Sie das für übertrieben. Nun denn, es ist Ihr gutes Recht zu glauben, zu denken und zu tun, was Sie wollen, keiner spricht Ihnen das ab. Frage ist, wo wollen Sie hin? Wie sollte Ihr Leben ausschauen? Dementsprechend heißt das für Sie mehr oder weniger, Gas zu geben. So einfach ist das Spiel und wissen Sie was, es ist unglaublich spannend. Grandios das Bewusstsein zu haben, dass es von Ihnen abhängt und von niemand anderem. Das ist sensationell und wer das für sich entdeckt hat, wird mit Vollgas unterwegs sein. Nachfolgend reduzieren Sie es auf die drei größten Belohnungen.

Belohnung für was?	**Wieso?**	**Womit?**
1.) ______________________	________________	________________
2.) ______________________	________________	________________

3.) ____________________ ______________ ______________

Haben Sie aufgeschrieben, wieso Sie sich dafür belohnen sollten? Dann die berühmte Frage womit? Hier muss ich schmunzeln, da die meisten denken, dass man sich mit etwas ganz Gigantischem belohnen müsste. Das ist Blödsinn und nicht haltbar, auch kleine Belohnungen schaffen echte Lebensfreude und Begeisterung. Nun folgt die Hauptbelohnung.

Belohnung für was? **Wieso?** **Womit?**

1.) ____________________ ______________ ______________

Wo haben Sie die Megaleistung vollbracht, auf die Sie heute noch stolz sind? Alleine der Gedanke daran beflügelt Sie ungemein und gibt Ihnen ein tolles Feeling.

Ihr Fazit: ____

Maßnahme Nr. 16: Ganz wichtig die Belohnung

Ja, Sie haben es zur Kenntnis genommen, wie schon manches in Ihrem Leben. Klasse, und was ist daraus geworden? In der Regel ist es im Sande verlaufen. Schade, schade, obwohl wir könnten ja sagen, irgendwann ist eh alles vorbei, also was soll es. Nur das wäre schade, ist es doch die Aufgabe von jedem Einzelnen in seinem Gebiet, eine Meisterleistung zu vollbringen. Für andere Menschen da zu sein und sie zu bereichern. Zu helfen, dass die Mitmenschen ein schönes und erfülltes Leben auf Erden führen dürfen.

Wie weit sind Sie mit Ihren Belohnungen

Haben Sie Ihren Belohnungskatalog zusammengestellt? Vielleicht wissen Sie noch nicht, womit Sie sich belohnen können. Leider ist bei einigen Menschen die Fantasie nicht so ausgeprägt, wie es sein sollte. Lassen Sie uns gemeinsam einige der Belohungsmöglichkeiten anschauen.

- Kino
- Konzert
- Essen
- Ausflug
- Wochenende
- Wellness
- Kleidung
- Schmuck
- Urlaub
- Auto
- Buch
- Seminar

- Hör-CD's/Podcasts
- Coaching

Zu jedem Punkt ein paar kurze Anmerkungen. Natürlich gibt es noch weitere Möglichkeiten. Bei den Vorstellungen höre ich oft, dass einige Punkte doch selbstverständlich sind. Das würde ich nicht so sehen, vor allem nicht, wenn man das Ganze mit einem anderen Bewusstsein angeht.

Kino
Einen schönen Film als Belohnung anzuschauen, hat doch etwas. Sich den Luxus zu gönnen, einen ganzen Abend einem Film zu widmen, sorgt für Entspannung und Inspiration.

Konzert
Es gibt wundervolle Konzerte. Wenn Sie jemals auf einem Konzert waren, wissen Sie, wie gut das tut. Inspirierend die Musiker und die gesamte Stimmung zu erleben. Es führt einen in eine total andere Welt.

Essen
Ein schönes Essen in einem edlen Lokal, mit einem lieben Menschen zu zelebrieren, ist einer der krönenden und unvergesslichen Momente. Sich das Besondere zu gönnen und es auch wirklich zu zelebrieren.

Ausflug
Sich auf den Weg machen, etwas Neues zu erkunden. Inspirationen aufnehmen und sich mit neuen Eindrücken zu bereichern, beflügelt ungemein. Es gibt bestimmt vieles, was Sie schon lange anschauen wollten.

Wochenende
Einmal ins Blaue fahren, tut für Körper, Geist und Seele unendlich

gut. Den Alltag hinter sich zu lassen und die Welt anzuschauen. Ein kurzer Tapetenwechsel öffnet neue Horizonte. Das muss gar nicht so weit entfernt sein.

Wellness
Wissen Sie, wie wunderschön das ist, sich verwöhnen zu lassen? Da zu liegen und behandelt zu werden, das Spektrum an Behandlungen ist riesig. Oder am Pool zu liegen, im Jacuzzi sich beblubbern lassen, oder ein paar Saunagänge. Relaxing pur ist angesagt.

Kleidung
Vielleicht ist es ein Kleidungsstück, welches Ihnen schon lange gefällt. Holen Sie es sich zur Belohnung und Sie werden, wenn Sie es anziehen, die Beziehung zu Ihrem Erfolg unverzüglich herstellen.

Schmuck
Hier genau das Gleiche, ein schönes Schmuckstück macht Freude und hilft Sie noch stärker in neuem Glanz erstrahlen zu lassen. Nicht nur davon träumen, sondern sich bewusst etwas gönnen.

Urlaub
Gönnen Sie sich einen besonderen Urlaub, gehen Sie neue Wege. Teilen Sie das Jahr in viele kleine Urlaube ein, das hilft Ihnen besser und schneller durchs Jahr zu kommen. Sich immer wieder zu freuen, gibt viel Energie.

Auto
Natürlich ist ein Auto etwas Größeres und erfordert eine höhere Investition. Vielleicht träumen Sie bereits lange von einem speziellen Auto. Wenn Sie eine überdimensionale Leistung erbracht haben, dass Sie es sich leisten können, tun Sie es.

Buch
Ich erlebe es öfters, dass Leute sagen „Ja, das Buch kaufe ich mir!“

Dann tun Sie es, und wenn Sie es direkt vom Autor beziehen, bitte mit einer Widmung. Teilen Sie mit, wofür Sie das Buch erwerben. Das kann in der Widmung festgehalten werden.

Seminar

Seminare ein Traum, um im Leben weiterzukommen. Wertvolle Inspirationen, jede Menge Inputs. Belohnen Sie sich regelmäßig mit Seminaren, es ist das Beste, was Sie für sich tun können.

Hör-CD'S/Podcasts

Es gibt wundervolle Hör-CD's auf dem Markt. Täglich werden es mehr und es ist für Sie eine wundervolle Möglichkeit, sich nebenbei weiterzubilden. Genauso auch die vielen Podcasts, die zur Verfügung stehen.

Coaching

Die Krönung, um schneller in seinem Leben weiterzukommen. Lassen Sie sich von einem Erfolgscoach coachen. Ihr Erfolg rückt dadurch näher in Ihren Fokus und damit in Ihr Leben. Es geht dadurch leichter und schneller.

Was das alles kostet

Da frage ich dagegen „Sind Sie es sich nicht wert, oder was?" Also denken Sie bitte nochmals darüber nach. Es liegt ausschließlich in Ihrer Hand, wie Sie damit umgehen und ob Sie sich entsprechend belohnen.

Arbeiten Sie mit Bildern und verknüpfen Sie das Ganze

Am besten Sie basteln sich eine Collage und hängen diese an die Wand. Jede Belohnung halten Sie fest und dann verknüpfen Sie das Ganze mit einer bestimmten Leistung. Dadurch konditionieren Sie sich stärker auf Ihren Erfolg. Schauen Sie sich diese Collage mehrmals am Tage an, es ist Ihre persönliche Inspirationsquelle.

Nr. 17: Kein Lernen

Wer nicht lernt, hat im Vorfeld verloren. Wissen Sie, wie krass das ist. Leider, leider ist in den meisten Köpfen noch das alte Programm vorhanden, einmal Schule nie mehr Schule. Es sind schlechte Erinnerungen an die Schule vorhanden, dass es kaum ein Entrinnen gibt. Da heißt es unbedingt dagegen halten und die alten Programme zu löschen. Denn diese hindern uns an unserem Weiterkommen. Das können wir uns definitiv nicht erlauben.

Für wen haben Sie damals gelernt

Diese Frage stelle ich immer, da kommt in der Regel für die Lehrer oder die Eltern, das ist falsch. Sie haben für sich gelernt, wurden für Ihr Leben trainiert. Gut, dass da manches mit einem Fragezeichen zu versehen ist. Auch ich fragte mich oft, was das Ganze soll. Was nützt es mir heute, dass ich im Schnee, die Spuren der Tiere lesen kann? Das hilft mir in meinem Beruf definitiv nicht weiter. Vielleicht aber macht es Spaß, es zu wissen und wenn Sie das Gefühl haben, dieses Gelernte bringt überhaupt nichts, dann sehen Sie es einfach als Gehirntraining an.

Letztlich war es dennoch gut

Es hat uns geholfen Lesen, Schreiben und Rechnen zu können. Ist das nicht wunderbar? Ein wenig das vernetzte Denken hat es auch gebracht. Die schlimmen Erlebnisse oder auch nicht, spielt das heute eine Rolle? Bestimmt nicht, wenn ich an meine Schulzeit denke, da gab es noch die Prügelstrafe. Vor allem ein Lehrer war darin ein Meister. Dem hatte ich ein Ende gesetzt, weil ich ihn bei einer seiner Prügelszenen selbst gepackt hatte. Dies gab ein Disziplinarverfahren und hatte zur Folge, an vier freien Nachmittagen in den Schweizer Bergen Schnee zu schaufeln. Das war es mir aber wert, denn er hat mich nie wieder angefasst. Jetzt wo ich das schreibe, kommt mir der Gedanke, ich könnte tatsächlich mit meiner Biografie beginnen. Da gibt es so viel aus meinem spannenden Leben zu erzählen.

Frage ist nicht, was wir gelernt haben, sondern was wir machen

Die Schule ist und war eine Grundbasis, auf die es aufzubauen gilt. Unendlich viele Möglichkeiten sind offen, aber wir müssen es anpacken. Ich werde oft gefragt, wieso ich mehrere Sprachen spreche. Nun denn, weil es mir Spaß und Freude bereitet, es klasse ist, sich mit allen Menschen auf dieser Welt unterhalten zu können. Das ist aber sicherlich nicht der Verdienst der Schule.

Was können Sie alles

Es ist erstaunlich, was man alles kann und wie wenig man einsetzt. Viel gelernt zu haben und nur einen Bruchteil davon zu verwenden. Darum müssen wir einmal Bilanz ziehen, genau überprüfen, was alles abläuft. Das Potenzial ist gigantisch. In jedem Menschen steckt mehr, als er für sich nutzt. Schreiben Sie alles auf, was Sie können und ob Sie es einsetzen. Dann seit wann das Ganze geschieht, Sie müssen den Überblick behalten.

	Was kann ich alles?	Eingesetzt?	Seit wann?
1.)	____________	____________	____________
2.)	____________	____________	____________
3.)	____________	____________	____________
4.)	____________	____________	____________
5.)	____________	____________	____________
6.)	____________	____________	____________

7.) ____________________ ________________ ________________

8.) ____________________ ________________ ________________

9.) ____________________ ________________ ________________

10.) ___________________ ________________ ________________

Sind Sie erstaunt, was Sie alles können, und was in Ihnen vergraben ist? Oder lässt es Sie kalt? Das ist in der Tat die Frage und es lohnt sich, darüber zu reflektieren. Setzen Sie wirklich all Ihre Fähigkeiten ein? Oder eher nicht? Wenn ja, seit wann tun Sie es? Wenn nein, stellt sich die Frage, warum nicht? Was ist der Hinderungsgrund, der Sie es nicht umsetzen lässt? Notieren Sie nachfolgend Ihre drei wichtigsten Bereiche, wo Sie richtig taff unterwegs sind.

Was kann ich alles?	**Eingesetzt?**	**Seit wann?**
1.) ____________________	________________	________________
2.) ____________________	________________	________________
3.) ____________________	________________	________________

Als ich das gemacht habe, stieg in mir eine Traurigkeit auf. Ich war sehr enttäuscht von mir, dass ich es nicht umgesetzt hatte. Ich konnte es leider nicht nachvollziehen. Aber das spielt rückblickend wirklich keine Rolle mehr. Was vorbei ist, ist vorbei und kommt nie wieder. Folglich muss ich mir darüber keine Gedanken mehr machen. Dringlicher ist, dass ich nach vorne schaue und ab sofort meine Fähigkeiten einsetze. Nun halten Sie fest, was Sie am besten können.

Was kann ich alles?	**Eingesetzt?**	**Seit wann?**
1.) ____________________	______________	______________

Haben Sie diese Fähigkeit schon für sich und andere Menschen eingesetzt? Ich erlebe es häufig, dass die meisten Menschen ihre größte Fähigkeit überhaupt nicht einsetzen. Da ist ein Mensch mit unendlichen Möglichkeiten und er setzt einen kleinen Bruchteil davon ein. Das ist schade und letztlich bringt dieses Verhalten kein Glück und keine Zufriedenheit. Im Gegenteil, denn selbst spürt man wohl, dass in einem weitaus mehr steckt und man kann nicht, kommt nicht in die Pötte. Wie brutal ist das? Da gilt es dringend, in die Veränderung zu gehen.

Ihr Fazit: ____

Maßnahme Nr. 17: Lebenslanges Lernen

Sie dürfen das definitiv nicht stehen lassen. Für Sie gilt es klar aufzustehen und mit Vollgas unterwegs zu sein. Keine einzige Sekunde zu zögern. Endlich das Leben in die eigenen Hände zu nehmen und sich leben. Denn wenn Sie sich nicht leben, ist das tragisch. Möchten Sie zu den Verlierern gehören? Ich kann es mir nicht vorstellen. Kein Mensch möchte das und dies ist auch gut. So muss das für alle ewigen Zeiten bleiben.

Das menschliche Leben ist Entwicklung

Das kann nie genug betont werden. Ohne Entwicklung bleibt alles stehen und Stillstand bedeutet Rückschritt. Denn das Leben bewegt sich in großen Schritten weiter. Möchten Sie nicht dabei sein, völlig abfallen? Bestimmt nicht, deswegen bleibt Ihnen nichts übrig, als sich ins Leben zu stürzen. Kommen Sie endlich aus Ihrer Verwicklung, entwickeln Sie sich zu einem großartigen Menschen.

In Ihnen steckt unendliches Potenzial

Dies gilt es zu leben und das schafft man nur, wenn man sich permanent weiterbildet. Da gehört das Lernen dazu. Hierzu gibt es zwei sehr schöne Zitate

„Wer aufhört zu lernen – hört auf gut zu sein!"
„Wer aufhört gut zu sein - hört auf zu leben!"

Von diesen Menschen gibt es genug, nichts wissen, können, keine Weiterentwicklung und alles ist ihnen zu viel. Im gleichen Atemzug gehören sie zu der Gruppe der Jammerer und großen Neider.

Was fehlt Ihnen noch

Was würden Sie gerne lernen? Wie soll es mit Ihnen weitergehen? Es nützt nichts zu sagen, ja es wäre schon schön. Das möchte ich gerne wissen und können, alleine vom Wunsch her tut sich nichts. Was gefordert ist, sind Sie höchstpersönlich. Wenn Sie sich einsetzen, kann es etwas werden. Dazu benötigt man eine klare Analyse. Es ist spannend Bilanz zu ziehen. Halten Sie fest, was Sie lernen möchten. Wieso das so ist und ab wann Sie loslegen. Denn ohne konkretes Datum wird es in weite Ferne geschoben.

	Ich lerne Folgendes?	Wieso?	Ab wann?
1.)	______	______	______
2.)	______	______	______
3.)	______	______	______
4.)	______	______	______
5.)	______	______	______
6.)	______	______	______
7.)	______	______	______
8.)	______	______	______
9.)	______	______	______
10.)	______	______	______

Wie liest sich Ihre Bilanz? Baut Sie diese auf? Ist es für Sie Inspiration? Oder ist das Gegenteil der Fall, Schrecken und Angst kommen hoch, weil es noch einiges ist, was Sie lernen möchten. Unabhängig, was es explizit ist, Sie haben es festgehalten und das ist der erste Schritt. Genauso auch die Begründung, wieso Sie es gerne tun möchten. Denn hinter unserem Verhalten steht immer ein Ziel. Wann werden Sie loslegen? Man spricht davon, dass man müsste und dabei bleibt es häufig. Nun reduzieren Sie es auf Ihre drei dringlichsten Bereiche.

Ich lerne Folgendes?	**Wieso?**	**Ab wann?**
1.) ____________________	______________	______________
2.) ____________________	______________	______________
3.) ____________________	______________	______________

Egal was es ist, es ist auf alle Fälle wert, angeschaut und umgesetzt zu werden. Schon das Festhalten bringt Gewissheit, darin liegt die Kraft und Power. Sie können es ab sofort täglich nachlesen und umsetzen. Solange man es nur in seinen Gedanken hat, ist es oft verschwunden. Das Einzige, was dabei geschieht, kostbare Lebenszeit wird dadurch zerstört. Reduzieren Sie es auf Ihren wichtigsten Punkt. Was möchten Sie unbedingt noch lernen?

Ich lerne Folgendes?	**Wieso?**	**Ab wann?**
1.) ____________________	______________	______________

In jedem Fall, unter allen Umständen. Nichts, aber nichts kann Sie aufhalten. Sie sind der absolute Macher und dies ziehen Sie mit einer großen Vehemenz durch.

Ihr Fazit: ____

Nr. 18: Keine Alibigeschichten und Opferstorys

Kennen Sie diese Geschichten und Storys? Bestimmt haben Sie davon schon gehört und wissen Sie was? Es ist grausam und schrecklich, wenn man für alles immer Alibigeschichten und Opferstorys parat hat. Da wird man für sein Umfeld unglaubwürdig und es wirkt zusehends lächerlicher.

Alibigeschichten und Opferstorys

Wie ideenreich der Mensch in diesen Bereichen ist, darüber bin ich erstaunt. Denn wie viel weiter könnten die Menschen sein, wenn sie endlich mit solchen Spielchen aufhören würden. Dies ist das Schlimmste, wenn man derart durchs Leben zieht, ist einfach bescheuert und verrückt. Wie kann man so leben? Ich kann es leider nicht nachvollziehen und Sie?

Die größte Lüge

Sie kennen bestimmt die Sätze, die anfangen mit „Wenn, dann....!“ Welch ein Blödsinn, wenn ich es wirklich möchte, in meinem Leben weiterkommen will, tue ich es. Dann warte ich keine einzige Sekunde mehr, suche nicht nach irgendwelchen komischen Storys.

Schauen wir uns ein paar nette Geschichten an

Damit Sie ein Gefühl dafür erhalten, habe ich Ihnen ein paar Geschichten aufgezählt. Unglaublich, was da geschieht und mit welcher Ernsthaftigkeit diese vertreten werden. Das Schlimme daran, die Erzähler glauben es auch noch. Jetzt ein paar der Storys.

- Keine Zeit
- Kein Geld

- Ich kann noch zu wenig
- Ich bin noch zu klein
- Ich bin schon zu alt
- Ich muss meine/n Frau/Mann fragen
- Meine Kinder sind noch zu klein
- Es kommt der richtige Moment

Keine Zeit
Die größte Lüge, das stimmt nicht. Wir alle haben 24 Stunden pro Tag zur Verfügung. Frei Haus werden sie eine tausendstel Sekunde nach Mitternacht geliefert und dann liegt es an uns, was wir daraus machen. Eine Meisterleistung oder dahin plätschern lassen.

Kein Geld
Wie passiert es, dass man kein Geld hat? Weil man sich zu wenig mit dem Monetären befasst. Die Mehrheit der Menschen fragt, wie sie an mehr Geld kommen. Kaum einer fragt, was er dafür tun muss. Das ist nämlich die Geschichte, sich die größte aller Fragen zu stellen

„Was haben andere Menschen davon, dass es mich gibt?"

Wenn Sie sich diese Frage stellen und entsprechend beantworten, liegen Sie richtig. Geben Sie den Mitmenschen, was diese benötigen und Sie leben selbst im Überfluss.

Ich kann noch zu wenig
Wenn du zu wenig kannst, musst du lernen, Vollgas geben, damit du die Lücke schließt. Wenn ich die Leute darauf anspreche, ob sie einige Monate/Jahre später mehr können, kommt oft die Antwort „Nein, noch nicht." „Was hast du dafür getan?" „Einiges!" „Und wie viel ist es genau?" „So viel ist es auch nicht." „Kann es sein, dass du nichts getan hast?" Na super, da haben wir es wieder. Als Minimalist durchs Leben wandeln und Wunder erwarten.

Ich bin noch zu klein

Wir schrecklich, wenn man noch zu klein ist. Das ist leicht ironisch gemeint. Denn die Situation ändert sich rasend schnell. Aus zu klein wird schnell einmal zu alt. Folglich heißt es nicht warten, sondern loslegen.

Ich bin schon zu alt

Wie schrecklich ist diese Aussage? Zu alt für was? Das ist eine billige Story. Natürlich gibt es Ausnahmen, um mit 70 Jahren noch als Spitzensportler zur Olympiade zugelassen zu werden, ist ein wenig kompliziert. Davon sprechen wir aber nicht.

Ich muss meine/n Frau / Mann fragen

Da kommen mir in der Tat die Tränen. Wie schrecklich ist denn das? Keine eigene Meinung, nein man muss den anderen fragen. Nun denn, vielleicht finden Sie es von meiner Seite aus frech. Das ist nicht schlimm, denn ich kenne mich gut damit aus. Ich gehörte auch zu der Gruppe derjenigen, die den Partner fragen mussten. Ich bin unendlich froh, dass ich das abgelegt habe. Seitdem geht es mir besser und ich komme schneller voran.

Meine Kinder sind zu klein

Die nächste nette Geschichte. Eines Tages sind diese zu groß und die Eltern zu alt, oder sie müssen sich um die Enkel kümmern. Eine Ausrede jagt die andere.

Es kommt der richtige Moment

Eines sei Ihnen gewiss, der richtige Moment wird nie kommen, er ist schon da. Sie müssen ihn ergreifen und loslegen. Wenn Sie warten, wird er immer schneller als Sie sein. Ewig darauf zu warten, macht echt auf Dauer krank. Das kann und darf nicht sein.

Erkennen Sie sich

Wenn Sie ehrlich sind, müssten Sie sich erkennen. Wenn nicht, nun denn, jeder glaubt eben das, was er will und das ist gut so. Vor lauter solcher Geschichten (Ausreden) erzählen, erblickt man oft nicht die eigene Wahrheit. Das ist echt brutal, wenn man in solch einer Scheinwelt lebt. Irgendwann erwacht man und dies ist ein schrecklicher Moment, äußerst schmerzhaft. Oftmals fällt man in ein tiefes Loch.

Schreiben Sie jetzt Ihre Alibigeschichten und Opferstorys auf

Beschleicht Sie ein komisches Gefühl? Das ist nicht schlimm, weitaus schlimmer ist es, eines Tages erkennen zu müssen, dass es für alles zu spät ist. Das ist ein Schock, finden Sie nicht auch? Deswegen fügen wir uns lieber ein wenig Schmerz zu. Das ist nicht so tragisch, noch können wir entscheiden, was für uns wichtig ist und was nicht. Notieren Sie Ihre Alibigeschichten und Opferstorys. Wieso Sie diese anwenden und seit wann. Denn solche Raster sind tief in unserem Innersten vergraben, das ist krass.

Meine Geschichten/Storys?	Wieso?	Seit wann?
1.) ____________________	____________________	____________________
2.) ____________________	____________________	____________________
3.) ____________________	____________________	____________________
4.) ____________________	____________________	____________________
5.) ____________________	____________________	____________________
6.) ____________________	____________________	____________________
7.) ____________________	____________________	____________________
8.) ____________________	____________________	____________________

9.) ______________ ______________ ______________

10.) ______________ ______________ ______________

Wie ist es für Sie, ist Ihnen halb schlecht? Hassen Sie diese Arbeit? Oder sind Sie vielleicht sogar eine Runde wütend auf mich? Das kann passieren, vor allem dann, wenn jemand so frech ist wie ich und den Finger tief in die Wunde legt. Das ist aber nicht schlimm, ist sogar sehr gut. Wer weiß, ob Sie das Ganze sonst überhaupt jemals in Angriff genommen hätten? Ich kann Ihnen eines versichern, wenn Sie von solchen Manövern endlich Abstand nehmen, geht es Ihnen wesentlich besser. Ihr Leben wird freier und glücklicher, Sie gewinnen eine total andere Lebensqualität. Das ist es doch, was Sie wollen oder nicht? Nachfolgend reduzieren Sie das Ganze auf Ihre drei größten Alibigeschichten und Opferstorys.

Meine Geschichten/Storys? Wieso? Seit wann?

1.) ______________ ______________ ______________

2.) ______________ ______________ ______________

3.) ______________ ______________ ______________

Als ich mich dadurch das erste Mal richtig wahrgenommen habe, war das ein komisches Gefühl. Fast abstoßend, solch ein Verhalten an den Tag zu legen. Wie konnte ich mich selbst um meine kostbare Lebenszeit betrügen und bringen, diese Erkenntnis war erschreckend. Das ist grausam, wenn man dermaßen durch die Welt geht. Ich war froh, es endlich erkannt zu haben, um dann unverzüglich auf rasche Abhilfe zu achten. Ein befreiendes Gefühl überkam mich, erhaben und glücklich machend. Das Größte, was man überhaupt erleben kann. Ich hoffe, dass es Ihnen auch so ergeht. Reduzieren Sie es nachfolgend auf Ihre Hauptstory.

Meine Geschichten/Storys? Wieso? Seit wann?

1.) ______________________ ________________ ________________

Wie fühlt es sich für Sie an? Wie ist Ihr empfinden? Ist es ein super Gefühl oder eher abtörnend? Nun denn, Sie können es ab sofort für alle ewigen Zeiten ändern. Tun Sie es endlich und freuen Sie sich darüber, Sie haben es wie immer in Ihrer Hand, Sie treffen die Entscheidung.

Ihr Fazit: ____

Maßnahme Nr. 18: Bewusstes und verantwortliches Leben

Diese Alibigeschichten und Opferstorys sind mit das Schlimmste, was man sich antun kann. Es gilt sie, für alle ewigen Zeiten aus Ihrem Leben zu verbannen. Sie hindern und blockieren uns. Ab sofort schauen wir, wie wir diese aus Ihrem Leben eliminieren können. Es wird nicht von heute auf morgen funktionieren, braucht seine Zeit.

Wie verbannen Sie diese Geschichten aus Ihrem Leben

In dem Sie sich auf keine Grundsatzdiskussionen mit Ihrem Partner, Ihren Freunden, Arbeitskollegen, Kindern einlassen. Denn dabei ist man oft geneigt, sich mit Alibigeschichten und Opferstorys zu rechtfertigen. Das haben Sie doch nicht nötig oder? Und das Fatale daran ist, der Gegenüber merkt es auch, dass es sich um Ausflüchte handelt.

Ehrlichkeit zu sich und seinem Umfeld

Dies gilt es zu beachten, denn dadurch lebt man ruhiger. Benutzen Sie keine Alibigeschichten und Opferstorys mehr. Vertreten Sie felsenfest Ihren Standpunkt gegenüber Ihrem Umfeld. Das wird nicht gleich funktionieren, aber Übung macht den Meister. Stehen Sie dazu, wenn Sie um irgendetwas gebeten werden, oder keine Lust dazu haben, das ist Ihr gutes Recht. Wenn Sie das beherzigen, benötigen Sie nie wieder Alibigeschichten und Opferstorys.

Nr. 19: Kein Perfektionismus

Das ist eines der dringlichsten Gebote. Wenden Sie sich von jeglicher Form des Perfektionismus ab, das darf Sie nie wieder berühren. Damit haben Sie nichts am Hut, ist Ihnen völlig fremd. Wer möchte, kann ein Perfektionist sein, Sie jedoch nie mehr. Denn Perfektionismus zerstört in Ihrem Leben alles.

Perfektionismus, der größte Feind des Fortschrittes

Schreiben Sie sich das in Ihr Lebensskript. Nochmals zur Wiederholung für Sie, Sie werden nur ein einziges Mal in Ihrem Leben ein Perfektionist sein. Das ist der Moment, wo Sie Ihre Augen für immer schließen, da sind Sie perfekt tot. Ich weiß, dass ich mich wiederhole, ich tue es aber bewusst, denn das Thema ist zu wichtig, um es schleifen zu lassen.

Machen und tun, ist die Devise

Machen Sie ruhig am laufenden Band Fehler, jeden jedoch nur ein einziges Mal. Wenn Sie sich nämlich vor lauter Vorsicht abwartend verhalten, ist das Leben an Ihnen vorbei gerauscht. Möchten Sie das wirklich? Ich kann es mir wahrhaftig nicht vorstellen. Darum passen Sie gut auf Ihre eingefahrenen Muster auf.

Worin sind Sie ein Perfektionist

Es geht um die genaue Analyse der einzelnen Bereiche, in denen Sie sich als Perfektionist bewegen. Es ist spannend, die Menschen zu beobachten, wie sie auf der einen Seite oft kleinkariert sind und auf der anderen großzügig. Das sind die verschiedenen Welten, in denen wir uns bewegen. Wenn wir aber Erfolg haben möchten, heißt es mit Vollgas voran und niemals zurückschauen. Sich loslösen von allem Ungemach ist die Devise.

Schreiben Sie Ihre perfektionistischen Positionen auf

Nun geht es ans Eingemachte. In welchen Bereichen sind Sie ein Perfektionist? Wie äußert sich das? Welche Konsequenzen hat es? Wieso ist das so und seit wann haben Sie diese Eigenart?

Mein Perfektionismus?	Wieso?	Seit wann?
1.) ___	___	___
2.) ___	___	___
3.) ___	___	___
4.) ___	___	___
5.) ___	___	___
6.) ___	___	___
7.) ___	___	___
8.) ___	___	___
9.) ___	___	___
10.) ___	___	___

Ist Ihnen die Absurdität des Verhaltens bewusst geworden? Ist Ihnen klar, wie sehr das bremst? Ich kenne viele Menschen, die sich dank dem Perfektionistischem so im Wege stehen, dass Sie keinen Schritt vor den anderen bekommen. Das ist die größte Selbstdemontage, die man sich auferlegen kann. Was das Schlimme daran ist, man tut es selbst. Reduzieren Sie es nun auf die drei extremsten Bereiche.

Mein Perfektionismus?	**Wieso?**	**Seit wann?**
1.) ____________________	______________	______________
2.) ____________________	______________	______________
3.) ____________________	______________	______________

Wie ist es, wenn Sie das erkennen? Ich konnte es teilweise nicht fassen, derart durch die Welt zu schreiten. Das war mir unbegreiflich und dennoch war es ein Teil von mir. Ich erwische mich immer wieder dabei, dass ich reinrutsche, wenn ich nicht aufpasse. Somit ist es unerlässlich, genauestens hinzuschauen und darauf zu achten. Ja, ich muss auf mich achten, damit ich auf der richtigen Spur des Erfolges bleibe. Denn es ist in der Tat eine Gratwanderung und die Gefahr abzurutschen oder sogar abzustürzen, ist groß. Jetzt folgt die Reduktion auf den Bereich, wo Sie sich fast fanatisch im Perfektionismus bewegen.

Mein Perfektionismus?	**Wieso?**	**Seit wann?**
1.) ____________________	______________	______________

Wenn Sie sich das anschauen, ist Ihnen überhaupt im Ansatz bewusst, was Sie sich da angetan haben? Womöglich sogar über viele Jahre oder sogar Jahrzehnte? Nun ist der Moment gekommen, diesen Bereich zu verlassen und nie mehr zurückzukehren. Aus und vorbei ist das Thema. Seien Sie mutig und legen Sie ein riesiges Durchhaltevermögen an den Tag. Dadurch schaffen Sie es und werden immense Lebensfreude erleben.

Ihr Fazit: ____

Maßnahme Nr. 19: Toleranz und Balance

Bemerken, festhalten, aufschreiben und unverzüglich abstellen, das sind die einzelnen Schritte. Das ist nicht viel, jedoch von riesen großer Wirkung. Es sind wie immer im Leben, die kleinen Momente, welche einiges auslösen und Sie bereichern. Freuen Sie sich darüber und seien Sie jeden Tag unendlich dankbar, all diese Punkte erkannt zu haben.

Führen Sie Ihr Erfolgsbuch

Wer ein Perfektionist ist, hat keine Chance voranzukommen, steht sich permanent selbst im Wege. Denn bis ein Perfektionist anfängt, hat er alles tausend Mal überprüft und zögert schlussendlich immer noch. Ich bin mir hundertprozentig sicher, dass auch Sie solche Menschen kennen. Viele gute Ideen und das war es dann auch schon.

Legen Sie täglich Ihre Fortschritte fest

Sie schreiten mit Sieben-Meilen-Stiefeln Ihres Weges, legen große Strecken damit zurück. Ja, Sie laufen buchstäblich dem Erfolg entgegen. Welch ein erhabenes Gefühl, sich dabei erleben zu dürfen, es ist grandios und sensationell.

Steigern Sie Ihr Tempo

Getreu dem Motto „Auf die Dauer hilft nur Power!“ Das ist doch super und sensationell, sich derart zu bewegen. Auch wenn einige wiederum der Meinung sind, man müsste langsam und vorsichtig unterwegs sein. Nein und nochmals nein, denken Sie an Ihre ablaufende Lebenszeit.

Nr. 20 „Ja" „eigentlich" oder „nein"

Vielleicht kommt Ihnen der letzte Punkt etwas komisch vor. Er ist jedoch genauso, wie alle anderen, sehr wichtig. Ihr Hauptwort muss ab sofort das „NEIN" sein. Denn es gibt einige Menschen, die Sie permanent bei Ihren Abläufen stören. Da müssen Sie endgültig dagegen halten.

Könntest du/sie bitte

So fangen die meisten Geschichten an. Nur ganz schnell, geht es weiter. Nein und nochmals nein, Sie können nicht, können nie mehr. Das kann man aber fast nicht bringen, höre ich dann. Wer sagt das, Erfolgreiche oder Erfolglose? Ist doch klar, die Erfolglosen erzählen solch einen Schmarren, wie die Bayern dazu sagen.

Nein, nein, nein, nein, nein, welch ein schönes Wort

Ist das nicht wundervoll? Stellen Sie sich vor, Sie verlassen für immer die Position des Jedermanns-Liebling. Denn Sie wissen ja, was dies für eine Position ist

„Jedermanns Liebling ist jedermanns Depp!"

Möchten Sie das tatsächlich sein, ich kann es nicht glauben. Dazu haben Sie zu viele Fähigkeiten erhalten. Sollen die anderen doch selbst ihren Mist machen, krass, nein nur ehrlich.

Viele Menschen ruhen sich auf dem anderen aus

Das gilt es unter allen Umständen zu unterbinden, darf nicht mehr Ihr Part sein. Sie schreiten ab sofort nur noch zielgerichtet durch Ihr Leben. Was Sie zu Ihren Zielen führt, tun Sie, alles andere lassen Sie bitte weg. Das ist nicht kompliziert, will aber geübt sein.

Dann bin ich doch ein absoluter Egoist

Natürlich sind Sie kein Egoist. Sie wissen einfach, was Sie wollen und was nie mehr. Das ist alles und dann sind Sie konsequent in Ihrer Umsetzung. Denken Sie stets daran

**„Konsequenz mit System,
führt zwangsläufig zum Erfolg!"**

Das ist alles, Sie werden den Erfolg überhaupt nicht verhindern können. Keine Chance, der Erfolg ist stärker, wird Sie förmlich überrennen. Natürlich ist es im Moment relativ schwierig, dies zu erfassen. Wenn Sie aber dran bleiben, werden Sie es erleben.

Schreiben Sie auf, wo Sie „Ja" anstatt „Nein" sagen

Halten wir die Momente fest, wo Sie im Umgang mit Ihren Mitmenschen anstatt „Nein" einfach „Ja" sagen. Aus Unachtsamkeit, des lieben Friedenswillen, wie auch immer. Mit solch einem Verhalten, werden Sie Ihren Frieden und Ihr Glück nicht finden, keine Chance dahin zu kommen. Dazu benötigt es Ihren höchst persönlichen Lebensweg, ohne „Wenn" und „Aber." Schreiben Sie auf, wo Sie ja sagen und wieso das so ist. Seit wann machen Sie das?

	Wo sagen Sie ja, statt nein?	Wieso?	Seit wann?
1.)	______	______	______
2.)	______	______	______
3.)	______	______	______
4.)	______	______	______
5.)	______	______	______
6.)	______	______	______

7.) ____________________ ________________ ________________

8.) ____________________ ________________ ________________

9.) ____________________ ________________ ________________

10.) ___________________ ________________ ________________

Ja anstatt nein, wie fatal ist denn das? Was ist dies für ein Vorgehen? Was ist das Endresultat solchen Verhaltens? Es kann doch nicht gut sein, ist unglaublich, wenn Sie so weiter gemacht hätten. Viele Menschen verkaufen sich förmlich, um der/die Liebe zu sein. Aber das Gegenteil ist der Fall, Sie werden, nein Sie lassen es zu, dass Sie ausgenutzt werden. Sind voll mit im Spiel dabei, damit muss jetzt Schluss sein. Das hat mit Ihnen nichts mehr zu tun. Jetzt reduzieren Sie es auf Ihre drei schlimmsten Bereiche, wo Sie immer wieder „Ja" sagen. Sie kennen mit Sicherheit die Menschen, wo dieses Spiel abläuft, Sie sich schon lange vorgenommen haben, das mache ich nicht mehr mit. In dem Wort „nicht mehr" ist genau das Gegenteil davon enthalten. Da das Unterbewusstsein das Wort „Nicht" nicht wahrnimmt. Verrückt, oder?

Wo sagen Sie ja, statt nein?	Wieso?	Seit wann?
1.) ____________________	________________	________________
2.) ____________________	________________	________________
3.) ____________________	________________	________________

Bei dieser Aufgabe sagen mir einige auf den Erfolgscoachings und Seminaren, dass ein gewisser Zorn hochkommt. In der Regel aber nicht sich selbst gegenüber, sondern auf die anderen Menschen. Da wären wir dann bei dem ganz wichtigen Punkt

„Tragen Sie bitte unbedingt die Verantwortung für alles in Ihrem Leben, was ist und was nicht!"

Geben Sie niemals anderen Menschen die Schuld. Das ist verwerflich, wenn Sie sich das angeeignet haben. Wer anderen die Schuld gibt, gibt ihnen zugleich die Macht über sein Leben, das ist nicht intelligent. Wo ist es mit Ihrer Ja-Sagerei am häufigsten?

Wo sagen Sie ja, statt nein? Wieso? Seit wann?

1.) ______________________ ________________ ________________

War es schwer sich zu entscheiden? Manchmal mit Sicherheit, das ist verständlich. Denn es ist kein leichtes Unterfangen, gerade hier klarzublicken.

Ihr Fazit: ____

Maßnahme Nr. 20: Klares NEIN, klares JA

Immer wenn Sie es nicht angewendet haben und das werden Sie ab sofort merken, weil Sie dafür sensibilisiert sind, darf es richtig wehtun. Das ist nicht schlimm, im Gegenteil, je schmerzhafter das Ganze ist, desto größer die Chance auf Veränderung. Es gibt aber den freiwilligen Weg, den können Sie auch gehen, dürfen jederzeit wählen.

Bevor Sie ja sagen, erbeten Sie sich Bedenkzeit

Sie dürfen nie direkt loslegen, gleich „Ja" sagen und Aufträge annehmen. Wir sprechen nicht von Kundenaufträgen, wenn diese in Ihr Portefeuille passen, das ist eine andere Geschichte. Aufpassen ist die Devise, Ihnen geht es dadurch besser und Sie sind glücklicher, fast nie wieder in diese Falle zu laufen.

Sie gewöhnen sich daran

Wenn Sie anfangen zu leiden, das bleibt nicht aus. Zumal das Gegenfeld bei dem Gedanken nicht zahm bleiben wird, dass Sie nicht mehr zur Verfügung stehen. Manches unschöne Wort und sonstige Gifteleien wird das sicherlich mit sich ziehen. Vielleicht sogar Beschimpfungen unterster Charge. Oder es endet in perfiden Spielen, sogar mit Mobbing verbunden, lassen Sie sich aber bitte dadurch nicht beirren.

Gehen Sie Ihren „Neinweg"

Seien Sie sehr stolz auf sich und gehen Sie liebevoll mit sich um. Sie haben es endlich verdient, auch wenn Sie womöglich der Meinung sind, dass es bei solch einer schlechten Leistung nicht der Fall sein dürfte. Aber es darf und es muss sogar, folglich packen Sie es endgültig an.

Ihre Umwelt wird sich daran gewöhnen

Es ist nur eine Frage der Zeit, bis es soweit ist, haben Sie Geduld. Alles was Sie benötigen, ist in Ihnen vorhanden. Bringen Sie ein großes Durchhaltevermögen mit und dann läuft die Geschichte, ich freue mich sehr für Sie. Egal was man Ihnen sagt, Sie alleine kennen Ihren Lebensweg und wissen, was gut für Sie ist und was nicht. Hören Sie endlich auf Ihre innere Stimme, denn diese sagt Ihnen immer das Richtige.

Abschlusswort

Lieber Leser,

es ist für mich ein gigantischer Moment, wenn ich in die Zielgerade einmünde, ein unbeschreibliches Gefühl. Ich bin am Ziel, es ist alles gesagt, das Buch ist geschrieben. Ich habe meine Hunterdtausende von Gedanken in meinem Unterbewusstsein sortiert, in meinem Gehirn und diese über meine Hände zu Papier gebracht, respektive in die PC-Tastatur.

Endlich wieder ein Buchwerk vollendet. Welch ein großartiges Gefühl, jedes Mal bekomme ich Gänsehaut, denn leider hatte es über 25 Jahre gedauert, bis ich mich auf den Weg gemacht habe, Bücher zu schreiben. Jetzt bin ich seit Jahren intensiv dabei, ich bin unendlich dankbar und glücklich darüber.

Bis Sie das Buch in Ihren Händen halten werden, dauert es nochmals eine gewisse Zeit. Schreiben ist eine wundervolle Geschichte, es ist die berühmte Kür, jetzt folgt die Pflicht. Das Buch geht zum Lektorat und dann folgen einige Konferenzen und Änderungen, bis das Buch endlich so steht, dass es den Weg zu Ihnen findet.

Freuen Sie sich darüber, wenn Sie das Meisterwerk in Ihren Händen halten. Unendlich viel Lebenserfahrung meinerseits, von Zehntausenden von Menschen, Coaching-Kunden und Seminar-Teilnehmern wirkt hier mit ein und kommt zum Tragen.

Jetzt liegt es an Ihnen, was Sie daraus machen. Wie Sie damit umgehen und ob Sie es vor allem in Ihr Leben integrieren. Davon bin ich überzeugt, denn sonst hätten Sie das Buch bestimmt nicht gelesen.

Es liegt wirklich an Ihnen alleine. Öffnen Sie die Schleusen, lassen Sie die große Energie einkehren. Seien Sie dankbar, dass Sie das Potenzial haben, alles zu erfassen und aus Ihrem Leben ein hundertprozentiges Meisterwerk zu machen.

Auch Sie können anderen Menschen durch Ihr Sein helfen und ein Vorbild sein, wichtig ist einfach anzufangen. Wie bei allem im Leben gibt es wundervolle Tage, an denen Sie im „Flow" sind und dann wiederum andere, wo es wichtig ist, die Zähne zusammenzubeißen und sich durchzukämpfen.

Wenn Sie den Turbo einschalten möchten, kann ich Ihnen sehr ans Herz legen, kommen Sie zu den Schulungen. Nehmen Sie an den Telefontrainings teil.

Die Krönung des Ganzen ist selbstverständlich, lassen Sie sich coachen. Nicht von irgendeinem Coach, sondern von mir, als Ihren Erfolgscoach. Um was geht es? Es geht um Ihren Erfolg und dieser muss etabliert werden.

Es ist übrigens auch keine Schande oder ein Zeichen von Schwäche, sich helfen zu lassen. Was machen Sie bei Steuerproblemen? Da gehen Sie zum Steuerberater. Was machen Sie bei Zahnschmerzen? Klar doch werden Sie sich sagen, da gehe ich zum Zahnarzt, usw.! Für alles gibt es Fachleute und genau zu denen geht man.

Ich verabschiede mich jetzt mit einem lachenden und einem weinenden Auge von Ihnen. Das Weinende, weil dieses Buch zu Ende ist, vorbei. Das Lachende, weil ich eines weiß, Erfolgreiche sehen sich wieder.

Herzlichst

Ihr Ernst Crameri

Meine und unsere Dienstleistungen

Da ich der Meinung bin, dass das Leben spannend und aufregend ist, habe ich mich nie mit einer einzigen Sache begnügt. Ich wollte immer wesentlich mehr tun und haben. Ein Mensch hat unendliche Fähigkeiten, darum gilt die Theorie von „Schuster bleib bei deinen Leisten" schon lange nicht mehr. Vergessen Sie das, und man den erlernten Beruf beibehalten sollte, ist auch ein Ammenmärchen. Das Leben ist vielseitig und spannend, wenn wir etwas daraus machen. Deshalb freue ich mich sehr, Ihnen die verschiedensten Dienstleistungen vorzustellen. Gemeinsam mit meinem Team ist es unser Anliegen, Sie in Ihrer Weiterentwicklung zu unterstützen, Sie zu verwöhnen und dazu beizutragen, dass Sie ein wundervolles Leben auf Erden führen können.

Hier die Dienstleistungen nach alphabetischer Reihenfolge
Wählen Sie aus dem großen Leistungsspektrum und fragen Sie nach den Konditionen. Gerne sind wir für Sie da und beantworten Ihnen alle Fragen, denn glückliche und begeisterte Kunden sind unser Ziel.

- Bücher
- Einzelbehandlungen (Fitness/Wellness/Schönheit)
- Erfolgsproduzent und -coachings
- Events
- Hoteltesting
- Hörbücher
- Mystery X Tests
- Naturkosmetik-Produkte
- Privat-Jet
- Reisen

- Schönheitsfarm
- Seminare
- Vorträge

Bücher schreiben

Sie erhalten von uns Bücher, zu den verschiedensten Themen, rund um das Leben. Ebenso bieten wir Ihnen das Ghostwriting an. Das heißt, wir schreiben mit Ihnen und für Sie Ihr Buch. Ganz wichtig für Unternehmer, denn ein eigenes Buch schafft eine wunderbare Reputation. Wenn Sie ein neues Produkt auf den Markt bringen, ist es ideal, wenn Sie das passende Buch dazu anbieten. Als Fachmann zeigen Sie durch ein eigenes Buch eine hohe soziale Kompetenz.

Unsere Kunden, die sich von der Masse der Mitbewerber abheben wollen und damit einen anderen Nimbus erhalten. **Ärzte,** die ihre spezielle Behandlung publizieren. **Hotels,** die über ihr Haus mit besonderen Eigenheiten berichten. **IT-Firmen,** die etwas Neues entwickelt haben, weitere Firmen, quer durch alle Branchen und natürlich Privatpersonen.

Wieso Ernst Crameri: Weil er zurzeit bereits 63 Bücher geschrieben hat und weitere folgen. Weil er weiß, wie es in der Branche abgeht, welche besonderen Kenntnisse erforderlich sind, ein Buch zu schreiben und zum Erfolg zu bringen.

Einzelbehandlungen (Fitness/Wellness/Schönheit)

Wir leben nur ein Mal und unseren Körper nennt man auch den Tempel, in dem die Seele und der Geist wohnt. Damit der Organismus lange auf einem hohen Level funktioniert, ist es dringlich, dass wir ihn pflegen, für ihn da sind. Bei uns erhalten Sie Behandlungen von Kopf bis Fuß. Von intensiver Massage, über fernöstliche Behandlungen und den verschiedensten Spezialanwendungen. Näheres auf der Webseite www.wellness-einzelbehandlungen.de.

Unsere Kunden sind Menschen, die mehr für sich tun wollen. Den Zeitgeist klar erkannt haben, wie wichtig es ist, dass man sich behandeln und pflegen lässt. Vom jungen Menschen, bis hin ins höchste Alter hinein. Männer wie Frauen, die sich verwöhnen lassen.

Wieso Ernst Crameri: Weil er aufgrund der 39-jährigen Erfahrung einen riesigen Fundus an Wissen und Können mitbringt. Durch die Hotelberatungen und -tests weiß er auch, wie es läuft. Ein qualifiziertes Team an Behandlern wartet auf Sie.

Erfolgsproduzent – und coachings

Als Erfolgreicher ist eines wichtig, das Erfolgswissen weiter zu vermitteln und anderen Menschen zu helfen, zum Erfolg zu gelangen. Das ist in jeder Hinsicht eine wundervolle Aufgabe. Es gibt verschiedene Arten von Coachings, einmal vor Ort in den Firmen, dann am Telefon. Es geht mit täglichen und wöchentlichen Coachings los. Wenn eine Veränderung stattfinden soll, ist es dringlich, dass man dran bleibt. Denn die alten Gewohnheiten lassen sich nicht über Nacht über Bord werfen. Es ist stets ein längerer Prozess, ein Reifeprozess, der da stattfindet.

Wer sind die Kunden, von kleinen Kindern bis hin ins höchste Alter. Es sind einerseits Menschen, die die stärkende und beschleunigende Funktion des Coachings für ihre Entwicklung nutzen möchten oder Menschen, die Grundlegendes in ihrem Leben verändern möchten. Für die es so, wie bisher nicht mehr weiter gehen kann. Wichtig dabei ist der klare, eiserne Wille zur Veränderung. Von Einzelpersonen aus allen Schichten und Berufszweigen, bis hin zu großen Firmen.

Wieso Ernst Crameri: Weil er weiß, wie man aus Menschen Spitzenleistungen rausholt, diese mit einem Lachen und dennoch der nötigen Ernsthaftigkeit zum Erfolg führt. Erfolg ist kein Zufall, sondern planbar.

Events

Wir organisieren große Events, für die verschiedensten Veranstalter. Dabei übernehmen wir die komplette Dienstleistung der Lokationssuche, bis hin zum Catering und kompletten Handling, damit die Veranstaltung reibungslos abläuft. Unsere Erfahrung beruht auf der Organisation von vielen eigenen, wie auch Kunden-Events in der gesamten Welt. Viele Firmen vertrauen uns und lassen für ihre besten Mitarbeiter Incentives ausrichten.

Wer sind unsere Kunden, Firmen und Seminarveranstalter, die das Handling einem Profi überlassen. Genauso wie Einzelpersonen, die ein außergewöhnliches Fest, wie zum Beispiel Hochzeit, Geburtstag oder sonstige Festivitäten ausrichten.

Wieso Ernst Crameri: Events zu organisieren erfordert einen riesigen logistischen Aufwand, es sind viele Parameter, die zusammen spielen, damit es reibungslos über die Bühne geht. Ein qualifiziertes Team steht Ihnen mit Ernst Crameri während der Veranstaltung vor Ort zur Verfügung und managt den gesamten Ablauf.

Hotel- und Schiffstesting

Es gibt viele Hotels und auch Schiffe, die leider manchmal noch nicht ihre Performance erreicht haben. Sehr oft stimmt die Hardware komplett, jedoch die Software passt nicht. Beim Team, angefangen von der Direktion bis hin in die einzelnen Abteilungen, da klemmt es oft.

Wer sind unsere Kunden, von kleinen Hotels und Schiffen, bis hin zu großen Hotelketten und Reedereien. Alle Dienstleister, die bereit sind, eine höhere Wertschätzung den Kunden, den Gästen gegenüber aufzubringen und das Gast-Dasein auch entsprechend zelebrieren.

Wieso Ernst Crameri: Weil er 80% seiner Zeit on the way ist und dies fast immer in Hotels. Das hat ihn dazu bewogen, das Buch „Servicewüste Hotels“ vollgepackt mit Tipps und Know-how.

Hörbücher

Hörbücher als wunderbares Instrument, für die Fort- und Weiterbildung. Ideal beim Autofahren, als sogenannte rollende Universität, um neues Wissen zu erlangen. Ebenso beim Sport und auch im Alltag einsetzbar.

Wer sind die Kunden, von der Einzelperson bis hin zu Firmen, die für ihre Mitarbeiter die Hörbücher bestellen und verschenken. Oder sogar als Pflichtprogramm für das eigene Team einsetzen. Nur wer permanent trainiert, hat Erfolg.

Wieso Ernst Crameri: Weil er mit seiner Sprache voller Begeisterung, die Leute motivieren kann. Die Sprache und Ausdrucksweise muss fesselnd sein und die Zuhörer begeistern. Es muss im Gegenüber etwas ausgelöst werden. Ein sich Wiederfinden, um in die Umsetzung zu gelangen. Umso hilfreicher, wenn es in einer Sprache geschieht, die den Menschen eigen ist, keine hochakademischen Worthülsen, sondern Kommunikation auf Augenhöhe.

Mystery X Tests

Als Kunde in Geschäfte gehen und einkaufen, den Service, die komplette Dienstleistung zu überprüfen, um nachher die positiven wie negativen Seiten mit der Geschäftsleitung und dem Team zu analysieren. Danach in die Veränderung zu gehen, durch Training vor Ort.

Wer sind die Kunden, jeder der ein Geschäft hat und auf Servicequalität und Kundenzufriedenheit großen Wert legt. Denn die heutige Konkurrenzsituation ist riesig, wenn ein Kunde nicht zufrieden ist, geht er gleich. Dies gilt es zu vermeiden, und für die Kunden stets die allerbeste Leistung zu bieten.

Wieso Ernst Crameri: Weil er die Zusammenhänge schnell erkennt und die Firmen wieder in den positiven Mehrwertbereich für die Kunden führt. Jede Firma hat sogenannte Leichen im Keller, aber auch Goldadern. Erstere gilt es zu eliminieren und die Goldadern zu bergen, um Erfolg auf der ganzen Linie zu haben.

Naturkosmetik-Produkte

Herstellung und Vertrieb der eigenen Crameri-Naturkosmetik-Produktelinie, seit über 27 Jahren. Kein riesiges Sortiment, sondern ein straffes und hochkarätiges, für jeden Hauttyp. Spannend auch als White-Labeling, die Produkte erhalten das Etikett des Kunden und sind somit seine eigene Produktlinie.

Wer sind die Kunden, der Endverbraucher, welcher jeden Monat die Produkte für den persönlichen Bedarf bezieht. Schönheitsfarmen, Kosmetikstudios, Friseure, Masseure, Physiotherapeuten, Farb- und Stilberaterinnen, Fußpfleger, Fachgeschäfte und Hotels beziehen die Produkte. Bei White-Labeling handelt es sich um dieselben Kunden.

Wieso Ernst Crameri: Weil die Firma Crameri-Naturkosmetik GmbH seit 39 Jahren erfolgreich auf dem Markt ist, und Sie in ihr eien zuverlässigen Partner haben. Von der Produktion bis hin zur Vermarktung.

Privat-Jet

Ein absoluter Traum, in den Privat-Jet einzusteigen und dies ohne lange Kontrollen und Warten. Die Maschine steht bereit, die Triebwerke angemacht, Sie fahren an und wenige Minuten später befindet sich der Jet bereits in der Luft. Schneller und bequemer geht es nicht.

Wer sind die Kunden, Einzelpersonen, die schnell von A nach B müssen. Skiflüge nach St Moritz, zum Autorennen nach Monte Carlo, nach Sylt und weitere spannende Flüge. Firmen, die ihre besten

Kunden oder Mitarbeiter zu einem Incentive einladen. Auch Privatpersonen, die das Besondere lieben.

Wieso Ernst Crameri: Weil die Firma seit über 29 Jahren in diesem Metier vertreten ist. Ernst Crameri ist in der Regel stets persönlich dabei und betreut die Gäste vor Ort.

Reisen

In die gesamte Welt, am meisten Kreuzfahrten auf Flussschiffen und auf den Weltmeeren. Mit wunderbaren Rahmenprogrammen, wie besonderen Ausflügen, Vorträgen und Seminaren. Ebenso exklusive 5* Hotels, auf der ganzen Welt.

Wer sind die Kunden, Einzelpersonen, die gerne auf den Events dabei sind und Firmen, die Incentivereisen für ihr Team und ihre Kunden durchführen. Die besondere Belohnung für außergewöhnliche Menschen.

Wieso Ernst Crameri: Weil er die schönsten und besten Schiffe persönlich kennt. Bei den Reisen meistens selbst dabei ist, sodass der direkte Kontakt gegeben ist. Und wenn er nicht dabei ist, gibt es perfekte Betreuung durch sein qualifiziertes Team.

Schönheitsfarm

Naturkosmetik-Schönheitsfarm, mit ganzheitlichen Behandlungen von Kopf bis Fuß. Damit Sie sich richtig schön verwöhnen und die Seele baumeln lassen können.

Wer sind die Kunden, Frauen, die sich etwas Besonderes gönnen und Männer. Diese sind immer stärker auf dem Vormarsch. Einzelpersonen buchen, genauso wie Frauen die ihre beste Freundin oder Mutter mitbringen, bis hin zu Vereinen und Firmen. Männer, die aufs Seminar kommen und die Frauen werden in der Zeit verwöhnt.

Wieso Crameri-Naturkosmetik: Seit 39 Jahren auf diesem Markt und auch in der Ausbildung im Beauty&Wellnessbereich tätig. Ein hoch qualifiziertes Team wartet auf die Gäste.

Seminare

Zum Thema Erfolg und alles, was damit zusammenhängt, ganzheitliche Rhetorik, Erfolgsdenken, Geldseminare, Ausbildungen zum Beauty&Wellness-Spezialisten, Erfolg im Internet, Social Media und vieles mehr.

Wer sind die Kunden, Einzelpersonen, die sich fort- und weiterbilden möchten. Firmen, die ihr Team zum Training und zur Ausbildung schicken.

Wieso Ernst Crameri: Durch Tausende von Schulungen und Seminaren, Top im Training und stets auf dem Laufenden. Ferner Mitglied bei der GSA, German Speakers Assoziation. Mit großer Leidenschaft und Begeisterung auf vielen Veranstaltungen dabei.

Vorträge

Spannende und fesselnde Vorträge vor kleinem und großem Publikum. Vorträge zu den verschiedensten Themen rund um das Thema Erfolg, Durchhaltevermögen, Zielsetzung, Lebenswerke und zum kompletten Persönlichkeits-Thema.

Wer sind die Kunden, Organisationen, die ihn engagieren, Verbände, Vereine und Firmen. All jene, die Idee, Gedanken, Innovationen zulassen und die Veränderung im heutigen Zeitalter bewirken möchten. Die den Weg schaffen wollen, in eine Welt des Erfolges. Ebenso offene Seminare, die von Ernst Crameri direkt durchgeführt werden.

Wieso Ernst Crameri: Durch die brillante Sprache und Ausdrucksweise, ein fesselnder Redner, welcher das Publikum begeistert. Sein Schweizer Akzent und Humor begeistert die Zuhörer im In- und Ausland. Vorträge in Rätoromanisch, Italienisch, Französisch, Hochdeutsch und Schweizer Deutsch.

Bei Fragen wenden Sie sich bitte direkt an

Crameri-Naturkosmetik GmbH
Mannheimerstr. 11b
67098 Bad Dürkheim
Tel. 0049-6322-5734
Fax 0049-6322-66071
E-Mail: Sekretariat info@crameri.de
Geschäftsleitung: gn@crameri.de
Website: www.crameri.de

Ein Auszug aus unseren Werken

Ein Millionär als Traumpartner

ISBN: 978-3-86689-000-8
19,80 € (D)

Fange endlich an zu leben

ISBN: 978-3-86689-001-5
19,80 € (D)

Wahrheit und Klarheit im Kosmetik- und Wellness-Institut

ISBN: 978-3-86689-002-2
19,80 € (D)

Horror - Eingewachsene Zehennägel

ISBN: 978-3-86689-003-9
19,80 € (D)

Gib niemals auf, sei kein Verlierer

ISBN: 978-3-86689-008-4
19,80 € (D)

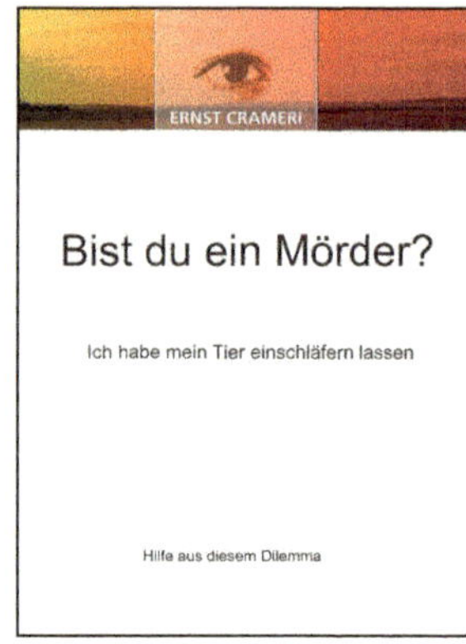

Bist du ein Mörder?

ISBN: 978-3-86689-004-6
19,80 € (D)

Bist du ein Huhn oder ein Adler

ISBN: 978-3-86689-018-3
19,80 € (D)

Der unendliche Schmerz der Verlassenen

ISBN: 978-3-86689-009-1
19,80 € (D)

Servicewüste Hotels

ISBN: 978-3-86689-010-7
29,80 € (D)

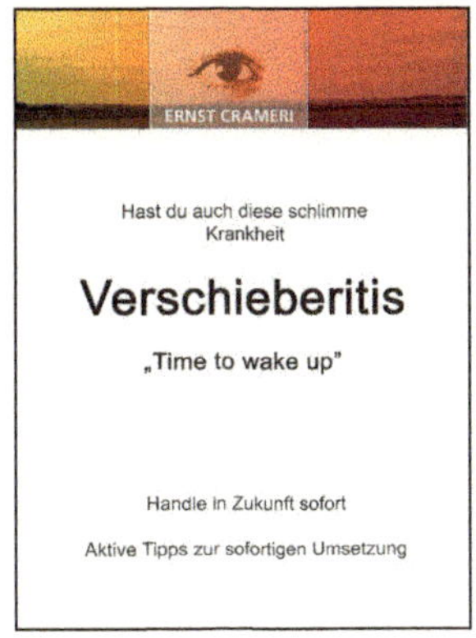

Hast du auch diese schlimme Krankheit – Verschieberitis

ISBN: 978-3-86689-005-3
24,80 € (D)

Wieso hast Du so wenig Durchhaltevermögen

ISBN: 978-3-86689-006-0
19,80 € (D)

Höre endlich auf zu jammern

ISBN: 978-3-86689-022-0
19,80 € (D)

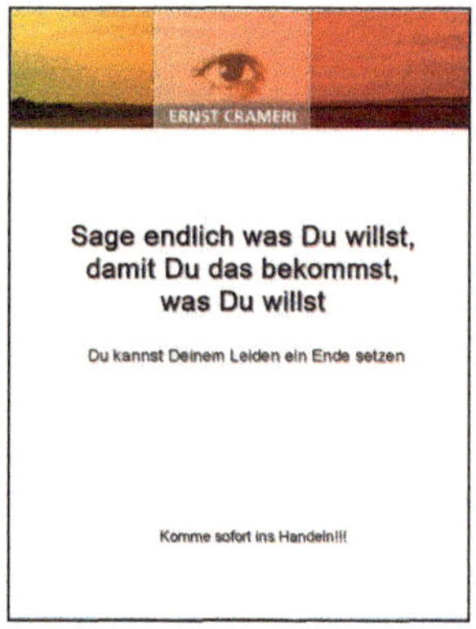

Sage endlich was Du willst, damit Du das bekommst, was Du willst

ISBN: 978-3-86689-014-5
19,80 € (D)

Sprich nie mehr negativ

ISBN: 978-3-86689-013-8
19,80 € (D)

Vita von Ernst Crameri

Ernst Crameri erblickte im Oktober 1959 in St. Moritz (Schweiz) das Licht der Welt. Er wuchs in einem einfachen Elternhaus auf. Als kleines Kind machte er meist das Gegenteil von dem, was von ihm erwartet wurde. Im Kindergarten und der Schule ging es oft rund. Als Heranwachsender machte er jeden Streich mit, und durfte dafür an freien Nachmittagen im Sommer Rasen mähen und im Winter zum Schneeschaufeln auf dem Schulhof antreten.

Sein Traum war, ein Leben im Reichtum. Prägend waren vier Schlüsselerlebnisse. Im Winter wollte er neue Skier und einen Skipass. Sein Vater konnte nicht beides kaufen. Da ging er mittags nach der Schule in ein Kohle/Holzlager. Dort schaufelte er Kohle und stapelte Holz. Dadurch konnte er sich mit 12 Jahren einiges leisten. Dieses Gefühl der Freiheit war für ihn gigantisch. Das zweite Erlebnis war in der Schule, wenn es galt einen 2 bis 3-seitigen Aufsatz zu verfassen. Er fand das super, und so wurden es meist Werke mit über 30 Seiten. Diese Aufsätze wurden vorgelesen und prämiert.

Sein Traum war Koch zu werden und so schickte ihn sein Vater nach Lenzerheide, zu einem Cousin, der einen Hotelbetrieb führte, in die Schnupperlehre. Gleich musste er als Koch einspringen und die Schikanen nahmen täglich zu. Als er das Zimmer mit weiteren Mitarbeitern teilen musste und sein erster Lohn aus dem Zimmer gestohlen wurde, ging es den Berg runter.

Sein Vater war begeistert, dass die Verwandtschaft aus Ernst einen lebensgerechten Menschen formt, ganz nach seinem Geschmack. Die Mutter war den Tränen nahe, als ihr Sohn die Lehre aufgab. Ernst griff zur äußersten Maßnahme und legte sich beim Unterricht mit dem Rektor an. Er flog im hohen Bogen von der Schule und damit war automatisch das Thema Kochausbildung beendet. Dies war das dritte Schlüsselerlebnis.

Danach begann er in St. Moritz in einem Sportgeschäft eine Lehre als Kaufmann. Der zweite Tag, kurz vor Feierabend brachte den Durchbruch. Da kam eine südamerikanische Familie ins Geschäft. (12 Personen) Das Oberhaupt sagte einen einprägsamen Satz „We need only the best" das kannte er bisher nicht. Nach gut einer Stunde war der Einkauf beendet und Ernst durfte an der Kasse eintippen, da stand die Zahl von CHF 128.000,00. Der Chef fragte ihn „Was schaust du so?" Er zeigte auf die Kasse und da meinte der Inhaber „Daran wirst du dich gewöhnen!"

Das war für ihn eine neue Welt. Kurz darauf kam der Skilehrer, der die Familie gebracht hatte, ins Geschäft und bekam CHF 12.800,00 für die Vermittlung. In dem Moment war für Ernst klar, dass er den Weg gehen wird. Nach der Lehre verließ er das Sportgeschäft. Im Winter war es klar, den Weg als Skilehrer zu gehen. Die Überbrückung war das Thema, also was tun im Sommer und so arbeitete er eine Zeit lang als Hilfsarbeiter bei einer Dachdeckerei. Es war nicht der Traumjob, er brauchte aber Geld und damit wieder Unabhängigkeit. Der Versuch als Tennislehrer oder Golflehrer tätig zu sein, war von kurzer Dauer. Er heuerte bei einer Baufirma an. Wenige Tage später stellte ihm jemand ein Bein, obwohl niemand in seiner Nähe war und er rutschte den Hang herunter. Notarzt, Intensivstation und Therapie. Er ging ins Hallenbad zur Therapie. Dort freundete er sich mit einem der Therapeuten an und fand Gefallen an dieser Arbeit.

Er ließ sich zum Masseur und Therapeuten ausbilden. Sein Traum war, auch Kosmetiker zu sein. Das war zur damaligen Zeit ein Ding der Unmöglichkeit. Die Schulen wollten von einem Mann nichts wissen. Ergo sprach er mit einer Kosmetikerin und machte mit ihr ein Geschäft, sie bekommt regelmäßig Massagen und bildet ihn dafür zum Kosmetiker aus. Ernst war immer sehr schnell lösungsorientiert.

Im Winter war er als Skilehrer tätig. Morgens vor Skibeginn, fuhr er mit seiner tragbaren Massageliege von Villa zu Villa, von Hotel zu Hotel. Danach den Tag über Skiunterricht und abends wieder Massagen und Kosmetikbehandlungen.

Danach als Discjockey, bis frühmorgens. Kurz ins Bett und dann ging es wieder von vorne los. Im Sommer besuchte er seine Gäste im Inund Ausland. Abgeholt von Privatjets, auf Jachten, in Villen. Da verliebte er sich in die Tochter eines Industrieellen. Das fand der Vater nicht so gut. Einen Tag später musste er die Villa verlassen, das war ein herber Schlag in seinem vermeintlichen Erfolgsleben.

Dadurch verstand er, dass man nur reich ist, wenn man das Geld auch selbst in den Händen hält. Als Masseur, Kosmetiker, Skilehrer und Discjockey hatte er ein vierfaches Einkommen. Entsprach aber nie dem Einkommen seiner Gäste, die ihn als Skilehrer zum Beispiel zum Mittagessen einluden. Das kostete gleich mal CHF 600,00, und wenn er als Skilehrer essen ging, waren es gerade CHF 8,00! CHF 800,00 waren sein Monatslohn, das hat ihn sehr beschäftigt.

Für den Sommer hatte er für Australien einen Vertrag als Austauschskilehrer in der Tasche. In der letzten Woche lernte er eine Frau aus Deutschland kennen, die später seine Ehefrau wurde. Er hat es nicht übers Herz gebracht, wegzufliegen und stornierte den Vertrag. Er pendelte einige Jahre zwischen Deutschland und der Schweiz hin und her. Da er nicht als Angestellter arbeiten wollte, startete er mit der Selbstständigkeit als Masseur/Kosmetiker. Um überhaupt Fuß zu fassen, lief er von Haustüre zu Haustüre und klingelte. Ab und an ließ ihn jemand herein und so baute er sich einen kleinen Kundenstamm auf. Um sich stärker zu etablieren, engagierte er sich als Dozent an der Volkshochschule, beim Hausfrauenbund, bei Vereinen/Verbänden. Dadurch gelangte es ihm schnell, sich einen soliden Kundenstamm aufzubauen.

Später kam ein Haus der Schönheit hinzu, die ersten Schönheitsfarmen, eine eigene Naturkosmetik-Produktelinie. Permanente Fort- und Weiterbildungen im In- und Ausland. Er hat in der Schweiz die Chance erhalten, als Referent und Ausbilder für Gesundheitsberufe tätig zu sein. Das machte ihm viel Spaß vor Menschen zu stehen und sie zu lehren. Immer mehr Coachings kamen dazu, Trainings, Seminare und so baute er verschiedene Geschäftszweige auf. Sein größter Wunsch ist dank ganz viel Fleiß und Durchhaltevermögen in Erfüllung gegangen, für andere Menschen da zu sein und ihnen den Weg des Erfolges zu zeigen. Mit zurzeit über 63 Büchern, circa 200 Seminartagen und unzähligen Coachings ist er für die Menschen da. Sein großes Credo „Es gibt ein Leben vor dem Tod!"